Ilse Gräfin von Bredow
Ein Bernhardiner namens Möpschen

SERIE PIPER

Zu diesem Buch

In ihren Erinnerungen aus der Mark Brandenburg erzählt Ilse Gräfin von Bredow liebevoll und nostalgisch, aber nie sentimental von ihrer Kindheit: vom Schlittschuhlaufen auf dem Havelsee und vom vorweihnachtlichen Pfefferkuchenbacken, von der manchmal etwas anstrengenden Tante Barbara mit ihrem Bernhardiner namens Möpschen und von den Hauslehrerinnen, die nicht nur vor der kleinen Ilse und ihren Geschwistern, sondern auch vor der ländlichen Idylle kapitulieren. Die vielen Geschichten, Anekdoten und Feuilletons ergeben einen kunterbunten Strauß und lassen die Welt aus dem wohl beliebtesten Buch der Gräfin Bredow, »Kartoffeln mit Stippe«, von neuem aufleben. »Die Autorin entführt ihre Leser auch diesmal wieder auf eine Insel der Seligkeit. Das Buch ist ein Geschenk.« (Hessische Allgemeine)

Ilse Gräfin von Bredow wurde 1922 in Teichenau/Schlesien geboren. Sie wuchs im Forsthaus von Lochow in der märkischen Heide auf und besuchte später ein Internat. Während des Krieges war sie im Arbeitsdienst und mußte Kriegshilfsdienst leisten. Seit Anfang der fünfziger Jahre lebt Gräfin von Bredow als Journalistin und Schriftstellerin in Hamburg und hat zahlreiche Bücher veröffentlicht.

Ilse Gräfin von Bredow

Ein Bernhardiner namens Möpschen

Erinnerungen an eine glückliche Kindheit
in der Mark Brandenburg

Piper München Zürich

Von Ilse Gräfin von Bredow liegen in der Serie Piper vor:
Willst du glücklich sein im Leben (2438)
Denn Engel wohnen nebenan (2439)
Familienbande (2911)
Ein Fräulein von und zu (2912)
Glückskinder (2913)
Ein Bernhardiner namens Möpschen (2914)
Kartoffeln mit Stippe (2915)
Deine Keile kriegste doch (2916)
Ich und meine Oma und die Liebe (3213)
Denn Engel wohnen nebenan/Ein Bernhardiner namens Möpschen (Doppelband, 3642)

Ungekürzte Taschenbuchausgabe
Piper Verlag GmbH, München
1. Auflage August 2001
2. Auflage September 2003

Umschlag: Büro Hamburg
Stefanie Oberbeck, Isabel Bünermann
Umschlagabbildung: Archiv für Kunst und Geschichte, Berlin
Foto Umschlagrückseite: Gudrun Drews
Druck und Bindung: Clausen & Bosse, Leck
Printed in Germany ISBN 3-492-22914-x

www.piper.de

Vorwort

Mit dieser Sammlung von Feuilletons und Kurzgeschichten aus den sechziger Jahren erfülle ich einen Wunsch vieler Leser, deren Wohlwollen mich begleitet hat, seit meine allerersten Erzählungen erschienen. Damals gab es in Zeitungen und Zeitschriften noch genug Weideland, auf dem große und kleine, bekannte und unbekannte Autoren friedlich nebeneinander grasen konnten. Oft schrieb man Auftragsarbeiten zu bestimmten Jahreszeiten und Festen. Themen und Stil entsprachen dem Zeitgeschmack. Es waren die Jahre, als man Honorare noch per Post bekam und die Sachbearbeiter auf die Zahlungsabschnitte persönliche Grüße kritzelten; als belesene Redakteure ihre Autoren mit gleicher Hingabe wie ihre Marotten pflegten und mit gütiger Strenge manch dichterischem Nachwuchs, der später zu großen Ehren kam, in den Sattel halfen. Kurz gesagt, es gab Originale jeder Couleur. Sie sind ausgestorben, und die Zeitungsverlage haben die einst so fruchtbaren

Weiden versteppen lassen. Hätte ich aber nicht die Chance gehabt, dort mein Handwerk nach und nach zu erlernen, wäre *Kartoffeln mit Stippe* wahrscheinlich nie entstanden und auch meine anderen Bücher nicht. Denn mit den Kurzgeschichten fing alles an.

Ilse Gräfin von Bredow

Kleines Tagebuch für große Gedanken

Irgendwann faßt wohl jeder einmal den Entschluß: Von nun an will ich die wichtigsten Ereignisse meines Lebens schriftlich festhalten.

Für eine Zeitlang wenigstens fühlt man sich eins mit großen Dichtern und Staatsmännern, die einst ihre wohlgeordneten, geistvollen Gedanken einer ehrfürchtig staunenden Nachwelt hinterließen. Doch meist scheitern alle guten Vorsätze bereits nach der ersten oder zweiten Seite des Tagebuchs.

Mein erstes Tagebuch war ein Notizkalender unserer Kohlenhandlung und enthielt fast ausschließlich in fehlerhaftem Deutsch wiedergegebene Injurien wie: «Willi ist blöd.» Oder: «Anneliese Lohse macht sich in die Hose.»

Meine Schwester dagegen, die mehr Sinn fürs Hübsche besaß, ließ sich zum Geburtstag ein ledergebundenes, mit einem Schloß versehenes Buch schenken. Sie kritzelte eifrig darin herum, trug den winzigen Schlüssel fortan um ihren Hals und machte ein furchtbares Trara darum, wenn sie ihn beim Waschen ablegen sollte. Es kostete mich wenig Mühe, herauszufinden, wo sie ihr Tagebuch aufzubewahren pflegte. Voller Neugier öffnete ich ohne Schwierigkeiten mit Hilfe einer Haarnadel das Schloß. Ich war tief enttäuscht. Es enthielt lediglich eine Aufstellung sämtlicher Filme, die sie mit den Eltern gesehen hatte. Ort, Stunde der Vorstellung und Namen der Schauspieler.

Auch die niedergeschriebenen Gedanken meiner unverheirateten, bereits etwas ältlichen Tante schwebten nicht gerade in höheren Sphären. Daß ich sie trotzdem während eines Ferienaufenthaltes bei ihr täglich sehr aufmerksam las, hatte seine triftigen Gründe. Stand da beispielsweise: «Heute von Robert geträumt», so winkte mir ein herrlicher Tag ohne jedes Verbot. Bei dem lapidaren Hinweis: «Kopfschmerzen!» war Unerfreuliches zu erwarten.

Selbst mein Großvater, von dem das Gerücht ging, er habe sogar Goethe gelesen, begnügte sich bei seinem Tagebuch mit detaillierten Schilderungen jagdlicher Vorkommnisse und der erstaunten Anmerkung: «Adele schon wieder nach Berlin ins Theater gefahren.» (Wobei «schon wieder» einmal im Jahr bedeutete.)

Großmutter war übrigens die einzige, die bereits nach einem Tag schon die Konsequenzen aus ihrer Einfallslosigkeit zog und das Tagebuch für immer beiseite legte, denn der einzige Satz, den sie niedergeschrieben hatte, lautete:

«Bei Kaufmann Werner ist die Stärke um einen Pfennig teurer.»

Wie schön war's doch am Havelsee

Der See lag so nah, daß man im Winter das Eis seufzen und knacken hörte, und so weit, wenn man in der Sommerhitze den schmalen Wiesenpfad zum Ufer hinunter trabte. Im Frühjahr überschwemmte er die Wiese hinter dem Gutshaus. Dann kamen die Hechte zum Laichen die Gräben entlanggeschwommen. Die Wiese war der beste Wetterprophet: Jedesmal, wenn sie gemäht wurde, begann eine Regenperiode, so hoch die Schwalben auch flogen. Der Rhin mündet in den See und den Großen Graben, auf dessen schmaler Brücke stets die Pferde scheuten, weil die Bohlen so dröhnten. Auf dem verwitterten Warnschild daneben war nur noch die Unterschrift zu lesen: «Der Luchgrabenschaudirektor.»

Der See gehörte zum Dorf wie der Flieder entlang der Gartenzäune, die Sandlöcher der Hühner auf der Straße, der über den Höfen kreisende Habicht, die Hornissen hinter Lamprechts Holzschuppen und wie Erna Hagemann. Von einem Tag auf den anderen verschlug es ihr die Sprache. Warum, wußte niemand. Schweigend wanderte sie durchs Dorf, blickte stumm in jedes Fenster und saß vor sich hinstarrend auf der Bank vor dem Haus. Keiner konnte ihr helfen, die alte Krusen nicht, die sie beim Mondschein schon dreimal bebötet hatte, und schon gar nicht der junge Doktor, der anstatt von den Wechseljahren vom Klimakterium sprach, ein geheimnisvolles Wort, das die Schwere der Krankheit deutlich machte.

Erst «so einer» aus der Stadt, die mit ihrem Freund am See zeltete, gelang es, den Bann zu brechen. Am Sonntag morgen kam sie, nur mit einer Turnhose aus schwarzem Satin und einem Büstenhalter bekleidet, ins Dorf marschiert, um sich Milch zu holen. Nun war dem Dorf nichts Menschliches fremd. Die kleinen Mädchen, zum Beispiel, gingen im Sommer gern ohne Schlüpfer. Aber das hier, darüber war man sich einig, ging entschieden zu weit. Fröhlich ihre Milchkanne schwingend, kreuzte die Dame Erna Hagemanns Weg. Erna blieb stehen, öffnete den Mund und sagte nur ein Wort: «Miststück.» Das Dorf atmete erleichtert auf. Hagemanns Erna hatte ihre Sprache wiedergefunden.

Bevorzugter Platz am Seeufer war die Bank vor dem morschen Bootsschuppen. Schon ziemlich baufällig stand er umgeben von wuchernden Hekkenrosen unter einer Weide, und aus seinem Dach wuchs das Gras.

An den Feiertagen kamen die Liebespaare aus der Umgegend über den See gerudert. Hand in Hand saßen sie dort ungeachtet der Mückenschwärme. Die Mädchen sahen den Myrtenkranz unter dem Glassturz der guten Stube so greifbar vor sich, daß sie darüber ganz vergaßen, wieder rechtzeitig zum Melken und Füttern zu Haus zu sein.

Wilhelm Wetzel, einmal in den Verdacht der Brandstiftung geraten, flüchtete sich dorthin, wo immer es gebrannt haben mochte, und murmelte verstört: «Ich hab's nicht angezündet.» Auch Albert Engel, der Musiker, bevorzugte diesen Platz. Sonntags morgens klagte sein Horn übers Wasser: «Vorbei ist die Jugend, sie kommt nicht mehr!» Dabei war allen bekannt, daß seine Mutter ihn und seine Geschwister mehr mit den Pantinen in der Hand erzogen hatte als mit Güte und Verständnis.

Nach Feierabend wurde der See häufig zum Familienbad. In Gesellschaft der Kühe, die zur Abkühlung bis zum Bauch im Wasser standen, wusch man sich bedächtig mit viel Kernseife und schlug fluchend mit dem Handtuch nach den gierigen Bremsen.

Nach der Schule stakten wir Kinder den Kahn immer am Schilf entlang bis zum Rhin. In dem grünen Dickicht der Binsen warfen wir unsere selbstgefertigten Angeln aus, deren Schwimmer aus einem alten Flaschenkorken und einem durchgesteckten Hühnerkiel bestanden, begleitet von dem dumpfen Ruf der Rohrdommel und den Stimmen der Frauen in den Koppeln.

Da der See an manchen Stellen so seine Tücken hatte, kaufte Mutter beim Kaufmann ausrangierte große Bonbonbüchsen aus Blech. Sie ließ vom Schmied zwei Ösen daran nieten, zog einen Riemen durch und band sie uns auf den Rücken. Sie trugen vorzüglich, unmöglich, damit unterzugehen. Nur gaben sie leider, wenn die Sonne darauf prallte, explosionsartige Geräusche von sich.

Im Winter verwandelte sich der See in eine riesige Eisbahn. Wer keine Schlittschuhe besaß, schlitterte auf den Pantinen über das Eis oder fuhr mit dem Peekschlitten. Wir bauten uns Schilfhütten, in denen wir auf alten Kartoffelsäcken saßen und Brombeerblätter rauchten. Wir spielten im Mondschein Verstecken in den Binsen und schwenkten mit der Grazie verfolgter Mickymäuse unsere Schlittschuhbeine.

Einmal erschien ein fremdes kleines Mädchen unter uns. Mit ihrem weißen Eiskostüm, der kleinen weißen Pelzmütze und den weißen langen Schlittschuhstiefeln sah sie wie ein Angorahase aus, der sich unter einen Haufen Wildkaninchen verirrt hat. Waren wir doch mit unseren ausgebeulten Trainingshosen und den verwaschenen Windjacken mehr praktisch als modisch gekleidet.

«Bist du vom Zirkus?» fragten wir sie andächtig. Sie lachte nur schnippisch und machte einen eleganten Luftsprung, nachdem sie sich vorher wie ein Kreisel gedreht hatte. Dabei gerieten ihre Schlittschuhspitzen in ein eingefrorenes Schilf. Die Eiskönigin stürzte sehr unangenehm auf ihr Steißbein.

Der See war zu jeder Jahreszeit unser bevorzugter Spielplatz. Die bleierne Stille im Hochsommer vor dem aufziehenden Gewitter über dem Wasser war uns ebenso vertraut wie im Herbst das Brummen der Dreschmaschinen und der schwermütige Singsang der Kreissäge, der vom Nachbardorf auf der anderen Seite des Sees herüberschallte.

Doch dann wurde uns der See von einem Tag auf den anderen so unheimlich, daß fast ein Monat verging, bis wir uns wieder ans Wasser trauten. Das war, als wir Hermännchen vermißten. Wir fanden ihn nach langem Suchen in der Plötzenkuhle. Hermännchen, der sich von uns am besten auf dem See auskannte, mit unfehlbarer Sicherheit wußte, wo die Fischer ihre Reusen gelegt hatten, und am längsten von uns tauchen konnte, war ertrunken.

Unterricht nur bei Windstille

Die sich regelmäßig wiederholende Anzeige in der «Deutschen Allgemeinen Zeitung» lautete etwa so: «Auf märkisches Waldgut, nur 50 Kilometer von Berlin entfernt, in landschaftlich reizvoller Lage, wird Hauslehrerin zu drei Kindern gesucht. Reit- und Badegelegenheit vorhanden. Nachbarlicher Verkehr. Voller Familienanschluß.» Ehrlich gesagt: Die Lehrerinnen kamen, sahen und gingen. Bei allem Drang zur Romantik war ihr Großstadtherz soviel unberührter Natur doch nicht gewachsen.

Kein elektrisches Licht, keine Kanalisation, keine Wasserleitung! Statt dessen blakende Petroleumlampen, eine schlichte Holztonne unter der «sanitären Anlage», eine solide Pumpe in der Küche! Der nächste Weg zum Kaufmann führte über vier Kilometer durch Wald und Heide. Unsere Begeisterung für den beschwingten Trab eines Vollblüters vermochten sie begreiflicherweise nicht zu teilen. Beim Baden zerschnitten sie sich die Füße an den märkischen Miesmuscheln. Die Mücken schienen sich mit besonderer Freude auf die neue Nahrungsquelle zu stürzen. Weite Fahrten mit Pferd und Wagen zur Nachbarschaft empfanden sie bei Hitze oder Kälte nicht unbedingt als Vergnügen. So zogen sieben dieser unglücklichen Geschöpfe durch unser Haus, ehe sich meine Eltern dem Schicksal beugten und uns ins Internat steckten.

Die erste und älteste von ihnen war schon in der Verwandtschaft erprobt und empfohlen worden. Vettern und Kusinen hatte sie zu glänzenden Zeugnissen verholfen. Eine Kusine sollte sogar das Abitur mit «sehr gut» bestanden haben. Auch bei uns zog sie die Zügel an. Meine Schwester, die selbst während des Spaziergangs mit Vokabeln gefüttert wurde, träumte daraufhin nur noch auf französisch und ängstigte meine Mutter des Nachts mit dem Schrei: *«Le cheval! Le cheval!»* Bei den Mahlzeiten klopfte sie mahnend mit dem Zeigefinger auf den Tisch und warf meinem Vater strafende Blicke zu. Trotzdem gelang es ihr nicht, ihm seine Unart, während der Mahlzeit mit dem Messer zu spielen, abzugewöhnen. Sie betrachtete das als Nichtachtung ihrer pädagogischen Fähigkeiten und ging.

Nummer zwei war jung, hübsch, sanft und wurde von uns Kindern bewundert. Sie blieb acht Tage. Die dritte verlobte sich nach acht Wochen mit einem Vikar aus der Gegend. Vermutlich wurde dadurch beim Lehrerstand das Ansehen unseres Hauses, das schon ziemlich gesunken war, wieder gehoben. Nummer vier war mittelgroß, gertenschlank, trug eine Brille und malte sich die Lippen, was uns ungeheuer interessierte. Sie rauchte unzählige Zigaretten und zwang uns, mit Hut und Handschuhen angetan, mit ihr durch Feld und Wald zu streifen. Ein junger Bulle, dem sie sich beim Pilzesammeln in Verkennung seines Geschlechts arglos genähert hatte, jagte sie über mehrere Koppelzäune und anschließend buchstäblich aus unserem Haus.

Die fünfte schwärmte für meinen Vater, besonders für sein empfindungsreiches Geigenspiel. Ihre unerfüllte Liebe ließ sie kündigen. Seitdem hat mein Vater dieses Instrument nur noch ganz behutsam angerührt. Die sechste interessierte sich sehr für hauswirtschaftliche Dinge. Am glücklichsten fühlte sie sich, wenn sie einen Bohnerbesen selbst in die Hand nehmen konnte. Sie war immer guter Laune und sang viel das Lied: «Zigeuner, du hast mein Herz gestohlen!»

Die siebte und letzte aber war Anthroposophin. Sie las uns herrliche Märchen vor, nach denen wir zeichnen mußten, und sie schenkte uns für jeden gelungenen Aufsatz ein rosa Zuckerschäfchen. Unsere Aufsätze bekamen unter ihrem Einfluß geradezu lyrischen Schwung. Aber dann schlug auch ihr die Stunde. Sie konnte ja nicht wissen, daß man im Havelland an vieles glaubt, aber bestimmt nicht an Seelenwanderung. Als sie bat, das Mädchen möge sie morgens nicht so laut wecken, denn ihre Seele führe dann so abrupt in den Körper zurück, daß ihr ganz elend davon würde, beging mein Vater die unverzeihliche Taktlosigkeit zu singen: «Die Seele schwinget sich wohl in die Luft, juchhe – Der müde Leib bleibt auf dem Kanapee!» Darüber kam sie nicht hinweg.

Der Reigen wurde schließlich durch einen alten pensionierten Lehrer aus dem Nachbardorf geschlossen, der die Güte selbst war. Jeden Morgen kam er zum Unterricht über den See gerudert, nur bei Regen und Wind nicht. Windig war es häufig. Wir schrieben bei ihm nur noch Einsen und Zweien. Unter den Zeugnissen stand: «Der Schüler hat große Fortschritte gemacht.» Bei der Aufnahmeprüfung zur höheren Schule fielen wir alle drei durch. Es half uns nichts, daß mein Bruder das Gleichnis vom verlorenen Sohn ohne Stocken aufsagen konnte und daß sein pathetisch vorgebrachtes Zitat: «Er verbrachte seine Tage mit Prassen!» sichtlich Bewegung in der Prüfungskommission hervorrief. Übrigens bin ich noch heute der Überzeugung, daß er «Prassen» für «Brassen» hielt. Ein gern und oft von uns gefangener Fisch!

Die rasende Pauline

Kein noch so schneller TEE-Zug kann sie mir ersetzen. Unsere Kleinbahn, Pauline genannt, zu Haus in der Mark Brandenburg. Schon damals hatte sie mit den Fernzügen nur wenig gemeinsam. Höchstens die dicken Rußwolken. Sie wirbelten in dichten Schwaden an den kleinen Fenstern vorbei und verwandelten herausgebeugte Kindergesichter in Mohrenköpfe. Selbst gegen einen gewöhnlichen Bummelzug wirkte sie noch wie eine Landpomeranze. Wir liebten sie trotzdem. Für uns waren ihre nach Mist und Zuckerrübenschnitzeln riechenden Güterwaggons, ihre verschmierten Fensterscheiben und die schlecht schließenden Türen an den Personenwagen, auf denen man Jahr für Jahr lesen konnte, wie doof ein Junge namens Richard war, die Verbindung zur großen Welt. Die große Welt, das war alles, was hinter jenem fernen Wald begann. Dort wohnten Menschen, die sogar im Sommer Schuhe trugen und Blindschleichen für Kreuzottern hielten. Das jedenfalls behauptete mein Freund Willi verächtlich.

Unsere Kleinbahn war keineswegs nur ein gewöhnliches Fortbewegungsmittel. Sie war eine Persönlichkeit, geprägt durch den Umgang mit Sonderlingen und Individualisten. Wie Erwin Lamprecht. Stets trug er gegen Regen und Sonnenschein ein geknotetes Taschentuch auf dem Kopf und versuchte, seine Mitmenschen mit Quark und den Büchern Mosis zu heilen. Oder Hermann Leisegang, Tenor des Gesangvereins. Er zahlte lieber jede Strafe, als sich einen Angelschein zu holen.

Unverdrossen schleppte das Bähnlein zwischen den Dörfern hin und her, was man so zum Leben braucht. Kartoffeln und die Milchkannen. Holz, Zuckerrüben und die Kohlen. Enten- und Gänseküken. Selbst Heidepriems Ziege begab sich darin auf die Hochzeitsreise. Auch die Post wurde mit Pauline befördert. Die Zeitung und der Klatsch! Kaum zu glauben, was unterwegs alles passierte! Freche Lümmel hatten heimlich den Milchwagen abgehängt. Die Kleinbahn mußte umkehren mitsamt einem Sarg, was die Beerdigung sehr verzögerte. Der Lokomotivführer hatte vergessen, auf unserer Station zu halten, und meine elegante Tante mußte über die Felder zu Fuß trotten. Eine verrückte Kuh hatte die Bahn attackiert und fast den letzten Wagen aus dem Gleis geworfen.

Gretchen, die tugendsame Konfirmandin, hatte sich auf dem Weg zum Konfirmandenunterricht, anstatt sich in die Zehn Gebote zu vertiefen, mit dem Lehrerssohn in der zweiten Klasse geküßt, obwohl das schamlose Ding nicht einmal eine Fahrkarte dafür besaß. Wer konnte sich da wundern, daß besagtes Gretchen, nachdem sie ein Jahr später nach Berlin «gemacht» war, um dort ein Filmstar zu werden, mit Zwillingen zurückkehrte.

Die Einrichtung der dritten Wagenklasse war mehr praktisch als komfortabel. In der Mitte des Waggons stand ein Kanonenöfchen. Die Bänke waren an den Seitenwänden aufgestellt. So blieb genügend Platz für Kiepen und Rucksäcke, Sensen und Spaten. Dagegen war die zweite Klasse geradezu luxuriös. Sie war mit alten Autositzen aus rotem Plüsch ausgestattet. Wenn man sich darauf niederließ, tanzten Millionen von Staubpartikelchen in der Sonne wie Mückenschwärme über einer Pfütze.

Unsere Bahnstation lag von unserem Gut fast vier Kilometer entfernt und außerhalb des Dorfes. Besorgte Gemeindeväter hatten bei Paulines Gründung gefürchtet, ihr Lärm würde nicht nur die Pferde scheu machen, sondern auch die Nerven der Dorfbewohner zerrütten. Die ganze Station bestand nur aus einer hinfälligen Wellblechbude am Rande der Chaussee. Im Sommer traute sich dort niemand hinein, weil die Hornissen sich darin niedergelassen hatten, und im Winter blies einem der Ostwind den Schnee ins Gesicht. Vater, der wie viele Reiter die Ansicht vertrat, Pferde seien viel sensiblere Geschöpfe als Menschen, hielt aus Rücksicht darauf meist mit dem Wagen schon zwanzig Meter vor der Station.

Nervöse Sommergäste, die, die Uhr in der Hand, zuerst während der Fahrt Paulines Unpünktlichkeit getadelt hatten, gewöhnten sich schnell daran, wie die übrigen Fahrgäste, wenn die Kleinbahn stehenblieb, um vor einer neuen Steigung Kraft zu sammeln, träumerisch über den blühenden Roggen zu blicken, den Bussard im Sommerhimmel seine Kreise ziehen zu sehen, teils dem Kuckuck, teils den quiekenden Ferkeln im Nachbarwaggon zu lauschen und sich gelegentlich an einem kleinen Skat zu beteiligen.

Im Krieg wuchs die Popularität der Kleinbahn. Von keinen Kontrollen belästigt, fuhr alles, was Uniform trug und Urlaubssperre hatte, auf diese Weise zu Bräuten, Verwandten und Eltern aufs Land. Auch Pierre setzte sich mit Paulines Hilfe in die Heimat ab. Pierre war ein französischer Kriegsgefangener und dem Bäcker als Gehilfe zugeteilt. Seine melancholischen Augen und seine vollendeten Manieren versetzten im Laden die einkaufende Weiblichkeit in totale Verwirrung. Als er genug von Roggenmehl, Ofenhitze und dem märkischen Gericht «Kartoffeln mit Stippe» hatte, verschwand er.

Trotz Tieffliegern und einer Bombe, die, glücklicherweise ohne zu zünden, vor ihre Räder fiel, kreuzte Pauline weiterhin mit gellendem Pfeifen die Chausseen und ließ die Funken sprühen. Erst als der Krieg zu Ende war, verzog sie mit unbekanntem Ziel nach Osten. Nur ihre Schienen blieben zurück, schlängelten sich weiter durch harzduftende Schonungen, vorbei an sumpfigen Wiesen, auf denen die Kiebitze sich jagten, vorbei an Getreidefeldern und Kartoffelschlägen und warteten vergeblich darauf, endlich wieder in sich das leise Kribbeln zu verspüren, das stets Paulines Kommen angekündigt hatte.

Unsere heiligsten Kühe

Gäste gehörten im Sommer zum Haus wie Fliegen in den Kuhstall. Es gab Frühaufsteher, die bereits vor dem Frühstück zwischen Garten und See unruhig hin und her pendelten und Vater beim Baden störten. Eine schon ziemlich taube Tante setzte sich sogar in den Kahn, um ihm beim Schwimmen zuzusehen, während Vater bei 17 Grad Wassertemperatur sie verzweifelt umkreiste und ihr vergeblich klarzumachen suchte, daß er gern herauskommen würde, aber keine Badehose anhabe.

Es gab Langschläfer, die den Kaffee erst zu sich nahmen, wenn bereits die Kartoffeln fürs Mittagessen abgegossen wurden. Manche konnten nur bei völliger Dunkelheit Ruhe finden, und verschandelte Tapeten erinnerten an ihre Versuche, sich die kleinsten Ritzen zwischen Gardine und Fensterrand mit Stecknadeln abzudichten. Andere schliefen bei weit geöffnetem Fenster, und Gewitterregen ergoß sich auf den 200 Jahre alten Sekretär. Aber Gäste waren heilige Kühe. Sie durften eben alles – auch die Wurst aushöhlen, das Ei mit dem Messer köpfen, sich Marmelade und Butter auf den Kuchen schmieren und noch vor dem Nachtisch rauchen.

Tante Barbara war eine solche heilige Kuh, und zwar eine besonders anstrengende. Sie war eine rundliche, behende Person mittleren Alters, die vor Unternehmungslust und Vitalität wie ein Foxterrier ständig zu vibrieren schien. Sie schwamm mühelos über den See und wieder zurück, was wir uns nur trauten, wenn jemand im Kahn neben uns herfuhr. Mit Tante Barbara eine Radtour zu machen bedeutete, auch bergauf zügig in die Pedale treten zu müssen. Und wenn wir uns nach einer ihrer Unternehmungen gerade mit hängender Zunge in den nächsten Sessel geworfen hatten, rief sie schon wieder: «Und was können wir jetzt mal machen?»

«Meine liebe Bärbel ist ein rechter Quirl!» pflegte ihr verstorbener Mann resigniert zu sagen. Der Ahnungslose hatte sich in sie verliebt und auch mit ihr verlobt, als ihr Temperament durch eine gerade überstandene Lungenentzündung wohltuend gebremst war.

Tante wußte wenig mit sich anzufangen und wollte mit Picknicks, Nachbarbesuchen und Kahnfahrten ständig amüsiert werden. Bei schlechtem Wetter wuselte sie mit dem fragenden Ruf «Gertrud?» von Zimmer zu Zimmer, so daß wir jedesmal unser Spiel unterbrechen und uns, wie es der Anstand erfordert, erheben mußten. Bei einem ihrer Spaziergänge mit dem Bernhardiner brachte sie durch ihr ständiges, sinnlos anfeuerndes «Such, Möpschen, such!» das arme Tier so durcheinander, daß er tatsächlich seine Schnauze in einen Ameisenhaufen steckte und noch Tage danach tote Ameisen ausnieste.

Solche Kleinigkeiten nahmen wir, wenn auch leise seufzend, hin. Doch schwerer wog Mamsells Abneigung gegen diesen Gast. Mutter tat daher alles, um ihn von der Küche fernzuhalten, was schwierig war, denn Tante Barbara kochte für ihr Leben gern. Sie machte Mamsell beim Abschmekken nervös, so daß das Essen entweder wie für Magenkranke gewürzt oder total versalzen war. Wenn Mamsell ihren freien Tag hatte, bemächtigte Tante Barbara sich sofort der Küche und servierte uns irgend etwas Raffiniertes, Ausländisches, was unsere an Kartoffeln und Stippe gewöhnten Gaumen ablehnten. Außerdem war hinterher die Küche in einem Zustand, der Mutter verzweifelt nach uns rufen ließ: «Los, Kinder, helft, alles muß wieder an seinem Platz sein, wenn Mamsell kommt!»

Ein gutes Trinkgeld hätte wahrscheinlich Mamsell umstimmen können, aber davon hielt Tante Barbara nichts. Sie zog es vor, jedem eine «kleine Freude» in Form eines hübsch verpackten Päckchens zu machen. Aber obgleich ihre Geschenke weder besonders exotisch noch besonders langweilig waren, fand sie mit ihnen keinen rechten Anklang. Die Inselbücher, die sie für uns aussuchte, hatten wir schon. Die liebevoll gehäkelte Stola paßte zu keinem von Mutters Kleidern, und die Wolle für Mamsell ließ sich schlecht stricken. Möpschen kaufte sie ein wertvolles Lederhalsband; aber als wir ihn damit schmücken wollten, tat er, als sollte er erwürgt werden, und so nahmen wir es wieder ab.

Einmal brachte sie den Eltern und uns ein gemeinsames Geschenk mit: ein Riesenpuzzle. An einem verregneten Sonntag machten wir uns darüber her. Vater verlor schnell die Geduld und war drauf und dran, die Stückchen einfach mit der Schere passend zu schneiden. Auch uns wurde das Ganze auf die Dauer zu mühsam. Wir verstauten das Puzzle in einer leeren Kommodenschublade im Gastzimmer und holten unser altes Halma-Spiel hervor.

Im Jahr darauf hatte Tante einen recht ungünstigen Zeitpunkt für ihren Besuch gewählt. Er fiel mit Onkel Karls Geburtstag zusammen, was bedeutete, daß wir sie drei Tage sich selbst überlassen mußten. Tante Barbara sah keinen Grund, deshalb ihre Reise zu verschieben. Sie werde schon ein Auge auf Haus und Personal haben.

«Bloß nicht», seufzte Mutter. «Sie wird sich mit Mamsell anlegen, und dann bekommt die wieder ihre Migräne.»

Mamsell nahm denn auch die Ankündigung, drei Tage allein mit unserem Gast unter einem Dach sein zu müssen, recht wortkarg auf, so daß Mutter, von den schlimmsten Befürchtungen geplagt, den Geburtstag gar nicht so recht genießen konnte. Einen Tag eher als geplant, fuhren wir wieder zurück.

Unser erster Weg führte in die Küche im Souterrain. Mamsell war nirgends zu sehen. Dafür ertönten aus dem Eßzimmer laute Stimmen, die zweifellos Mamsell und Tante Barbara gehörten. «Mein Gott, sie liegen sich in den Haaren!» Mutter eilte nach oben, wir hinterher.

Im Eßzimmer bot sich uns ein erstaunliches Bild. Der Tisch war ausgezogen und über und über mit Puzzlestücken bedeckt. Darüber gebeugt saßen Seite an Seite Mamsell und Tante. Mamsell hatte offensichtlich das Kommando. Assistiert von Tante Barbara, setzte sie die Teilchen zu üppig wuchernden Urwaldpflanzen und farbenprächtigem Getier zusammen.

«Da seid ihr ja wieder!» rief unser Gast. «Ihr glaubt gar nicht, wie geschickt Mamsell ist.»

«Die gnädige Frau ist auch nicht schlecht», brummte Mamsell geschmeichelt.

«Ein herrliches Spiel, nicht wahr?» Tante bückte sich und klaubte Möpschen den Torso eines Kolibris aus dem Fell. «Ich hatte ganz vergessen, daß ich es euch geschenkt habe.»

«Und was du uns damit für eine Freude gemacht hast», sagte Mutter aufrichtig.

«Das kann man wohl sagen», pflichtete Vater ihr bei.

Zwar konnten wir bis zu Tantes Abreise das Eßzimmer nicht mehr benutzen, und Mamsell war mehr mit dem Puzzle als mit dem Einkochen beschäftigt, aber das nahmen wir gern in Kauf. Ruhe und Frieden herrschten im Haus. Nur Lore, unser Hausmädchen, maulte über die vielen Krümel auf dem Teppich im Wohnzimmer, in dem wir jetzt unsere Mahlzeiten einnahmen.

«Wir müssen alle Opfer bringen», sagte Vater und betrachtete angewidert einen Soßenspritzer auf seinem Lieblings-Sofakissen.

Mit den Galoschen des Glücks

Für uns Kinder spielten der rote Teppich und das grüne Sofa im sogenannten «Salon», der eigentlich Mutters Arbeitszimmer war, eine besondere Rolle. Trugen sie doch abwechselnd beim Vorlesen zur Gemütlichkeit bei. Meine Mutter tat es in den Wintermonaten regelmäßig an den Nachmittagen. Oft verhaspelte sie sich beim Lesen, dann wieder sprang sie mitten im Satz auf mit dem Ausruf: «Verflixt noch mal!», weil ihr irgend etwas einfiel, das sie noch dringend erledigen mußte. Wenn die Zeit sehr drängte, überschlug sie einfach einige Seiten, so daß sich die Handlung der Märchen und Geschichten oft ein wenig verwirrte.

Mein Bruder, der es liebte, auf dem Bauch zu liegen, zog zum Zuhören den Teppich vor, während ich mich lieber auf dem halbrunden Sofa mit dem ausgeblichenen Damastbezug kuschelte. Meiner Mutter machte es nichts aus, sich ebenfalls auf den Teppich niederzulassen, sie war noch recht elastisch und nicht so steif in den Knien wie Tante

Erna. Hauptsache, wir legten uns nicht gerade auf ihren Rücken, was wir wegen der guten Bildeinsicht gern taten.

Favorit unter den Bilderbüchern war für mich «Hans Wundersam». Weder meine erste große Liebe noch sonstige ereignisreiche Dinge im Laufe des Lebens sind so in meinem Gedächtnis haftengeblieben wie jene Kinderreime. Hans Wundersam, ein rechtschaffener Wandersbursch im blauen Kittel und roten Schal, rettete einen kleinen Engel vor dem Erfrieren: «Gell, Flügelmatz, jetzt bist du froh? / Na ja, nun weine man nicht so!» Als Belohnung darf er dafür mit in den Himmel: «Dies ist der Weg zum Himmelreich. / Ist ziemlich steil, drum komm nur gleich!»

Unter anderem zeigt ihm der Engel auch die Hölle: «Pfui Teufel, rief Hans Wundersam, / Hatschi, hatschi! Und alle beide niesten sie, / und all die kleinen Teufelein, / sie fingen mächtig an zu schrein!»

Dem fetten Oberteufel hatte ich mit einer Stecknadel das Gesicht zerkratzt, weil mir vor ihm graute – zum Ärger meines Bruders, der fürs Gruselige eine Schwäche hatte. Am Ende darf sich dann der brave Wandersbursch aus dem Spielzeugparadies eine Puppe zur Frau nehmen: «Nur eine stand und lachte nicht, / Die war so lieb von Angesicht. / Als die Hans Wundersam nun sah, /

Ganz wundersamlich ward ihm da.» Auch mir wurde ganz wundersamlich, ich fragte mich, weshalb ich nicht auch so hold und schön wie die Puppe war. Ich begann abgrundtief zu seufzen, bis Mutter mir diese Albernheit verbot.

Die drei kleinen Bären Putz, Jochen und Wollbäckchen rührten mich ebenfalls stets zu Tränen. Vergessen von ihren Eltern, irrten sie im Wald umher und erlebten viel Aufregendes. Ich war geradezu süchtig nach Traurigkeit; ich wiederholte mir voller Genuß immer wieder jene Stellen, die mich zum Taschentuch greifen ließen.

Mein Bruder dagegen war mehr fürs Lustige. Sein Lieblingsbuch war «Peter Pan im Waldpark». Als Baby fliegt Peter Pan seiner Mutter davon und wird zu einem Mittelding zwischen einem Vogel und einem kleinen Jungen. Besonders hatte es meinem Bruder der weise Rabe Salomo angetan, dessen größter Schatz ein Strumpf mit 180 Krumen, 34 Nüssen, einem Tintenwischer und einem Schuhband war. Der typische englische Humor des Buches entsprach dem heiteren Wesen meines Bruders. Manchmal lachte er so, daß er zu dem großen Flügel hinüberlief und vor lauter Vergnügen dessen Deckel so kräftig zuschlug, daß die vielen Familienbilder, die auf dem Flügel standen, bedenklich ins Rutschen gerieten.

An den Sonntagen bekamen wir meist Zuwachs

von unseren vier Vettern. Dann bildeten wir auf dem Teppich einen Kreis um die Mutter herum. Sie ließ sich von unserem Drängen nicht aus der Ruhe bringen und las auch bei dem größten Zank unbeirrt weiter. Mein jüngster Vetter, von uns nur als «das arme Kind mit dem gebrochenen Arm» angeredet, hatte immer den besten Platz neben ihr. Der Unfall mit dem Arm lag bereits fünf Jahre zurück, trotzdem versuchte er immer noch, daraus Kapital zu schlagen.

Ab und an, wenn er sich langweilte, fand auch Vater sich ein und ließ sich herab, uns vorzulesen. Das brachte immer eine gewisse Unruhe mit sich. Ein bestimmter Stuhl mußte für ihn herbeigeschleppt werden, ein großer Aschenbecher wurde auf einem Tischchen danebengestellt. Vorsichtig legte er seine Zigarre darauf. Wehe uns, wenn wir daran stießen, so daß der Aschenkegel vorzeitig abfiel. Märchen und Sagen lehnte mein Vater ab. Er griff lieber zu der Zeitschrift «Wild und Hund», um uns daraus eine spannende Wilderergeschichte vorzulesen, die leider jeder Moral entbehrte, denn der Wilderer wurde nie gefaßt.

Da wir in den Wochen vor Weihnachten unzählige Geschenke für die Verwandtschaft zu basteln hatten, ließ Mutter sich gern dazu überreden, uns durch Vorlesen zu unterhalten. Bei einem Wettbewerb im Vorlesen hätte sie wohl kaum einen Preis bekommen. Und doch berührte mich ihre Stimme wie mit einem Zauberstab. Ohne Schwierigkeiten verwandelte ich mich in «die kleine Seejungfrau», «das häßliche Entlein» und den «Däumling». Ich ritt wie Maugli durch den Dschungel, blickte der Schneekönigin ins kalte Antlitz und flitzte mit den Galoschen des Glücks durch unser Dorf. Wenn Mutter mir dagegen selbst das Buch zum Vorlesen in die Hand drückte, ertappte ich mich dabei, daß ich an den ergreifendsten Stellen an ganz andere Dinge dachte und so nüchtern wie Tante Erna blieb, die immer sagte, es wäre nun an der Zeit, daß ich mehr Sinn fürs Praktische bekäme.

Mensch ärgere dich nicht!

«Man muß doch verlieren können», sagte unsere alte Kinderfrau sanft tadelnd zu meinem Bruder. Er hatte gerade alle Murmeln an mich verloren und versuchte darauf, mein Haar wie Zuckerrübenpflanzen zu vereinzeln. Obwohl uns Kindern das «Verlierenkönnen» als hohe Tugend gepriesen wurde, habe ich außer Helden und Rittern in Sagen und Märchen nur sehr selten Menschen mit dieser lobenswerten Eigenschaft getroffen.

Wir alle jedenfalls ärgerten uns prächtig, wenn wir im Spiel verloren, und erheiterten uns gegenseitig mit den finstersten Ausbrüchen. Zur Pflege des Familienlebens saßen wir nach dem Abendessen gemeinsam um die blakende, duftende Petroleumlampe und spielten Karten oder Würfelspiele. Schon beim Quartettspiel, für das unser Geist zunächst knapp ausreichte, bekamen wir rote Ohren vor Wut, wenn mein Vater auf die gewünschte Karte mit impertinentem «Bedaure» reagierte und dann blitzschnell sein Quartett vollbekam.

Das Spiel «Mensch ärgere dich nicht» wurde sogar eine Zeitlang abgesetzt, um meine angeblich durch eine Kinderkrankheit geschwächten Nerven zu schonen. Mein Bruder verfolgte mich bei diesem Spiel durch alle Runden, um dann mit teuflischem Lachen kurz vor dem rettenden Hafen meinen Stein mit solch einem Schwung hinauszuwerfen, daß dieser gegen den Lampenzylinder flog, eine Rußwolke sich auf uns senkte und ich mir heulend in den Daumen biß.

Später, als unser Verstand leicht anzog, brachte uns mein Vater «Mauscheln» bei. Als junger Leutnant hatte er für dieses Glücksspiel wohl eine gewisse Schwäche gehabt. Jedenfalls erzählte er uns, er habe einmal im Spiel sogar ein Gasthaus gewonnen. Auf diesen Gewinn habe er aber großzügig verzichtet. Wir bedauerten das sehr. Sicherlich, so dachten wir uns, hätten wir dort jetzt jeden Tag umsonst Eis essen und Waldmeisterlimonade trinken können. Wir liebten diese Geschichte, in der sich das kleine Gasthaus allmählich in ein Hotel verwandelte, gegen das das Waldorf Astoria eine schäbige kleine Hütte war.

Fürs Mauscheln kaufte Vater eigenhändig kleine bunte Ostereier, die er in seinem Schreibtisch zwischen Schrotpatronen, Tabakpfeifen und abgebrochenen Bleistiften verwahrte. Vor dem Spiel wurde für jeden die gleiche Anzahl abgezählt. Selbst unsere Hauslehrerin, eine resolute Dame, die sehr viel von Sauberkeit hielt, fand nichts daran auszusetzen, daß die Eier von einem Teller auf den anderen wanderten und allmählich eine schwärzliche Farbe annahmen.

Während sie sich bei den Glückspilzen zu einem verlockenden Berg häuften, ließen sie sich bei den Pechvögeln mit einem Blick übersehen. Ebensowenig wie im Leben gab es bei den Karten Gerechtigkeit. Ich verlor an fünf Abenden hintereinander sämtliche Ostereier, obwohl ich mit einer verbissenen Konzentriertheit spielte, die ich bei den Schularbeiten vermissen ließ. War mein Vater stolzer Gewinner dieses klebrigen Schatzes, wobei er großmütig dem verbittert auf seinen leeren Teller starrenden Familienmitglied etwas abgab, so erzählte er uns bedächtig, mit vielen Abschweifungen die Geschichte von dem sagenhaften Gasthaus, und das Zubettgehen zögerte sich angenehm hinaus. Hatte er verloren, so sagte er barsch, wir sollten uns ins Bett scheren, es wäre höchste Zeit für uns, schließlich hätte er noch etwas anderes zu tun, als den ganzen Abend mit uns Karten zu spielen.

Anschließend pfiffen wir auf alle Hygiene und schmatzten vergnügt an unserer klebrigen Beute. Auch die Lehrerin! Ein sehr trauriges Geräusch für den Verlierer.

In den Ferien vergrößerte sich unsere Runde um einen Jungen aus der Großstadt, der sich in der frischen Landluft Kraft und Energie holen sollte. Kraft, so fanden wir, hatte er schon reichlich. Daß mir seine Verlierereigentümlichkeit noch unbekannt war, sollte für mich unangenehme Folgen haben. Als ich ihn im Mühlespiel zweimal hintereinander zu schlagen wagte, fand ich kurz darauf meine Puppen alle an den Beinen auf der Wäscheleine baumeln, und meine Aufziehmaus, mit der ich gern ängstliche Gäste erschreckte, lief mit schnarrendem Geräusch nur noch rückwärts. Jetzt, da meine Neffen und Nichten sich im spielfreudigen Alter befinden, betrachte ich sie mit dem kalten, leidenschaftslosen Interesse eines Forschers, ob einer von ihnen die Tugend des «Verlierenkönnens» besitzt. Doch wie bei uns höre ich nur unwilliges Murmeln, endlose Auseinandersetzungen über gültige Spielregeln, den empörten Ausruf: «Ich spiele nicht mehr mit!» sowie die sanfte Ermahnung: «Aber! Aber! Man muß doch verlieren können!»

Das gestörte Picknick

Höchstwahrscheinlich wäre uns die Bekanntschaft mit Neumanns erspart geblieben, wenn Großtante Adele nicht im ungeeignetsten Augenblick – zwei dürre Sommer und die Maul- und Klauenseuche im Kuhstall – ihr Testament geändert hätte. Als Vater erfuhr, daß er enterbt worden war, sagte er nur trübe: «Auch das noch!» und kürzte unser Taschengeld um die Hälfte.

Er zog sich in sein Arbeitszimmer zurück, um in Ruhe über seine wirtschaftliche Lage nachdenken zu können, und verbat sich jede Störung. Nachdem er seinen Geist mit mehreren Flaschen alten Burgunders erleuchtet hatte, kam er wieder zum Vorschein und verkündete: «Wißt ihr was, das beste ist, ich verkaufe das Häuschen am See als Wochenendhaus.»

«Ich höre immer Haus», sagte spitz Mutter, die verärgert war, weil sie, geängstigt durch Vaters düstere wirtschaftliche Zukunftsprognosen, voreilig auf ein neues Frühjahrskostüm verzichtet hatte.

«Wenn du damit die alte Bruchbude da unten meinst . . .»

«Es kommt immer auf die Perspektive an, aus der man so etwas sieht.» Vater entwarf auf einer unbezahlten Rechnung eine schwungvolle Annonce für die Tageszeitung, in der viel von landschaftlicher Schönheit, aber wenig von dem Haus stand.

Nach etwa vierzehn Tagen klingelte eines Freitags mittags das Telefon. Vater legte die Hand über die Muschel und flüsterte aufgeregt: «Jemand, der das Haus besichtigen will, Trudel! Was soll ich ihm sagen?»

«Übers Wochenende einladen», zischte Mutter zurück. «Sei doch nicht so ungeschickt!»

Mutter verschwand in der Küche, um mit Fräulein Martha, unserer Mamsell, das Menü für Sonnabend zu besprechen, und Vater schenkte sich einen doppelten Kognak ein.

«Was fangen wir bloß mit ihnen an, damit sie das Haus auch kaufen?» fragte Vater, als Mutter zurückgekommen war. «So ein Bankdirektor ist doch sicher sehr anspruchsvoll.»

Mutter schlug ein Picknick vor. «Ein Picknick!» rief Vater gedehnt. «Und wenn es nun regnet?»

«Die Schwalben fliegen zu hoch», sagte Mutter unerschüttert, «es gibt bestimmt kein schlechtes Wetter.»

Es regnete wirklich nicht. Aber am Sonnabend, so gegen vier Uhr nachmittags, Mutter stellte gerade Blumen in die Vasen, fing unsere Mamsell an, das Lied «Zigeuner, du hast mein Herz gestohlen» zu singen.

Mutter ließ fast die Vase mit den Rosen fallen und rief: «Alfred, was machen wir bloß, Fräulein Martha bekommt ihre Stimmungen!»

Eine halbe Stunde später verließ Fräulein Martha die Küche, und um sieben Uhr kündigte sie schluchzend zum fünftenmal in diesem Jahr. Glücklicherweise stand der Spargelpudding, ihr Geheimrezept, bereits im Wasserbad, so daß wenigstens das Abendbrot gerettet war. Aber was sollte aus den Vorbereitungen für das morgige Picknick werden?

Mutter jagte uns alle in die Küche, und wir taten unser Bestes. Nachdem die Kräuterbutter den Kopf des Bernhardiners zierte, die Eier beim Kochen geplatzt waren und Vater sich den Daumen am Büchsenöffner lädiert hatte, erschien Fräulein Martha in einem geblümten Morgenrock auf der Bildfläche. Sie nahm mir das Glas Erdbeermarmelade, das ich hinter der Schranktür auslöffelte, aus der Hand, nannte Mutter einen kaltherzigen, gefühllosen Menschen und warf uns aus der Küche. Bald drangen liebliche Düfte in das Wohnzimmer, und Mutter ließ sich erleichtert in einen Sessel fallen.

Ein wenig später standen wir auf der Terrasse und lauschten dem Motorengeräusch, das langsam näher kam. Als es plötzlich verstummte, schloß Vater die Augen und sagte: «Verdammt, jetzt sitzen sie bei der Lehmkuhle fest!» Eine Befürchtung, die sich glücklicherweise nicht bestätigte.

Trotzdem, es war ein ziemlich erschöpftes Ehepaar, das, gefolgt von einem Mops, aus dem Auto kroch.

«Ganz schönes Ende bis zu Ihnen», meinte Direktor Neumann und wischte sich die Stirn.

«Nur ein Katzensprung von der Hauptstraße, wenn man die Abkürzung kennt», beruhigte ihn Vater.

«Und dieser Sand!» Der Direktor sah stirnrunzelnd die staubige Dorfstraße entlang.

«Besser als jede Teerstraße, es muß nur regnen», versicherte Vater und streichelte den Mops, der mißmutig nach seinen Fingern schnappte.

Angesichts des Spargelpuddings, des frischen Schinkens und der Zitronencreme erholten sich die Gäste sehr schnell von den überstandenen Strapazen. Die Juninacht tat ihr übriges. Sie beleuchtete den Rasen vor dem Haus mit zahllosen Glühwürmchen und war so mild und würzig wie eine Fasanenpastete.

Nach dem Abendbrot führten wir die Gäste zum See hinunter. Auch hier schien die Natur mit uns im Bunde zu sein. Der See glitzerte prächtig im Mondlicht, Grillen und Frösche gaben ihr Bestes, und die Mücken, sonst sehr zahlreich vertreten, hatten sich diskret zurückgezogen.

Trotz Nachtigallengesang und blühender Hekkenrosen rings um das verwitterte Häuschen blieb der Geschäftssinn dieses Mannes härter, als Vater erwartet hatte. «Ziemlich feucht hier» und «Allerhand zu reparieren» war alles, was er sagte. Immerhin schien er einem Kauf nicht abgeneigt, und Vater und er beschlossen, nach dem Picknickausflug das Haus am Tage noch einmal genau anzusehen.

Am nächsten Morgen spannten wir Robert nach dem Frühstück vor den Wagen, Vater half Frau Neumann galant beim Einsteigen, verstaute den Mops zu ihren Füßen, und ich zwängte mich zwischen das Ehepaar. Bevor die Eltern vorn Platz nahmen, warfen sie einen besorgten Blick auf Robert, der sie tückisch mit angelegten Ohren musterte. Der Wallach war empört, daß man ihn am Feiertag mir nichts, dir nichts aus der Koppel geholt hatte, um einen überfüllten Wagen durch den Sand zu ziehen. Sein Schnauben verhieß uns nichts Gutes.

Wir rollten im schlanken Trab die Kiefernschonungen entlang, überquerten eine kleine Brücke und hielten auf einer von Birken bewachsenen Anhöhe. Von hier hatte man einen weiten Blick übers Land. Doch unsere Gäste lauschten recht teilnahmslos Vaters begeisterten heimatkundlichen Erklärungen. Trotz des herrlichen Sommertages war die Stimmung nicht so gut, wie wir erwartet hatten. Dabei war unsere Fahrt recht glatt verlaufen. Robert hatte nur zweimal versucht, sich auf die Deichsel zu legen, und es war ihm nur für ein paar Minuten gelungen, die Zügel mit dem Schweif festzuklemmen und durchzugehen.

Vielleicht war es die allzu nahe Berührung mit der Natur, die Neumanns Unbehagen bereitete. Die Frau strich ängstlich mehrmals über das weiche Gras, als sei es eine staubige Parkbank, ehe sie sich setzte, und der Direktor entfernte angewidert eine Raupe von seinem Hosenbein.

«Glaubst du, daß deine Idee wirklich so gut war?» flüsterte Vater Mutter zu, und sie zuckte bekümmert die Achseln.

Der Anblick des umfangreichen Picknickkorbes stimmte unsere Gäste wieder heiterer. Sie warteten kaum ab, bis Mutter Papierservietten und Messer und Gabeln verteilt hatte, sondern griffen so herzhaft zu, als hätten sie gerade einen Hungerstreik hinter sich. Sie lobten Fräulein Marthas Pasteten und vertilgten in kurzer Zeit jeder drei Brötchen, zwei harte Eier, dazu ein gebratenes Hähnchen und wandten sich gerade entschlossen dem Käsekuchen zu, als Vater, wild mit den Armen fuchtelnd, in die Höhe sprang. Wir folgten erstarrt seinen

Blicken. Statt des friedlich grasenden Roberts sahen wir den verängstigten Mops. Verfolgt von einer Herde Kühe keuchte er den Hügel hinauf. Vater eilte, um das Schlimmste zu verhüten, dem Hund zur Hilfe. Zu spät! Die erste Kuh hatte ihn bereits erreicht. Sie senkte nachdenklich den Kopf, als ob sie über etwas intensiv nachzudenken habe, und gab dem Mops einen Stoß, daß er wie ein Tennisball im Netz zwischen uns landete und in dem Käsekuchen steckenblieb. Es gab ein wildes Durcheinander. Von zornigen Kühen umgeben, die immer noch versuchten, dem Hund nach dem Leben zu trachten, bemühte sich Vater, Frau Neumann vom Boden zu reißen, um sie in Sicherheit zu bringen. Endlich gelang es uns, die Kühe wieder in die Koppel zurückzutreiben. Doch wo war Robert? Er hatte sich sachte davongemacht. Kein Gedanke, ihn wieder einzufangen.

Es blieb uns nichts anderes übrig, als uns zu Fuß auf den Heimweg zu machen. Es wurde ein beschwerlicher Marsch, denn Frau Neumanns Hakken waren ungeeignet für unsere von Kiefernwurzeln überzogenen Wege. Im Hof begrüßte uns Robert mit freudigem Wiehern. Er umtänzelte die große Limousine des Direktors und keilte ab und zu übermütig wie ein Füllen nach ihr. Jedesmal, wenn er sie traf, gab das Auto einen schmerzlichen Laut von sich. Vater riß Robert sehr unsanft im

Maul und führte ihn in den Stall. Neumanns betrachteten unterdessen wortlos ihr ramponiertes Auto.

Der Abschied war kurz und kühl. Von einem Kauf war keine Rede mehr. Vater sagte, die Rechnung, die er für Roberts Missetat hätte bezahlen müssen, wäre fast so hoch gewesen wie seine für das Haus geforderte Summe. Doch was viel schlimmer war: Fräulein Martha verließ uns wirklich. Wir hatten vergessen, ihre stundenlang gerührte und Vater zuliebe gebackene Sandtorte auf unser Picknick mitzunehmen.

Willis weite Reise

Mit dem Glück ist es wie mit Mäusen. Oft hält es sich dort versteckt, wo man es am wenigsten vermutet. Willi beispielsweise fand seins in einem Eisloch.

Willis große Sehnsucht galt der Großstadt. Sollte es doch dort Treppen geben, auf denen man hinauffahren konnte, Tiere wilder als ein angeschossener Keiler und Häuser höher als die Dorfkirche. «Wenn ick erst groß bin», verkündete er uns immer, «mach' ick nach Berlin.» Seine Mutter war anderer Ansicht. Ihre Erinnerungen an die Großstadt waren nicht die besten. Zwei Jahre war sie Kellnerin in Berlin gewesen. Als sie zu ihrer Familie ins Dorf zurückkehrte, brachte sie als einziges Geschenk den friedlich am Daumen lutschenden, kaminscheitlangen Willi mit. Für seine «Hirngespinste», wie sie es nannte, hatte sie wenig Verständnis. So hängte Willi seine Träume in die Wipfel der alten Kiefern am Dorfeingang und holte sie sich nur gelegentlich zum Spielen herunter.

Willi sah ein bißchen aus wie unser Bernhardiner, als er noch ein Welpe gewesen war. Vater meinte, das verwüchse sich. Vater mochte Willi. Sooft er Lust dazu hatte, durfte er auf unserem Flügel klimpern. Wenn er wie ein kleiner Waldkauz am Flügel hockte und voller Hingabe nach dem Gehör – denn er kannte keine Noten – mit viel Schwung «Was kann der Sigismund dafür, daß er so schön ist» spielte, sah Tante Adele in Öl von der Wand mißbilligend auf ihn herab. In ihrer Jugend hatte es solche Lieder nicht gegeben. Dafür aber, nach dem Bild zu urteilen, sehr fortschrittliche Dekolletés.

Häufig brachte Willi meinem Vater Morcheln oder Steinpilze, und Vater nahm ihn auf seinen Fahrten durch den Wald mit und ließ ihn kutschieren.

Wie jedes Jahr, wenn der See zufror, verkündete uns Mutter dramatisch, sie würde nun verreisen und nicht eher wiederkommen, bis die Schneeglöckchen blühten, um nicht mit ansehen zu müssen, wie ihre Kinder durch den Leichtsinn ihres Vaters der Reihe nach ertrinken würden. Sie fuhr auch wirklich. Aber die längste Zeit, die sie ohne uns aushielt, waren zwei Tage.

Dabei war kein Grund zur Beunruhigung. Es war uns genau vorgeschrieben, wann wir den See betreten durften. Als erster ging mein Vater, mit einer

Axt bewaffnet, auf das Eis. Vier starke Schläge mußte es aushalten. Das Eis winselte und bat um Gnade, aber Vater schlug unerbittlich alle paar Meter, bis er das andere Ufer erreicht hatte. Dann erschien Otto, unser Nachbar. Otto war ein wahrer Hüne und wog fast drei Zentner. Wenn er seine Leibesfülle über den See wuchtete, wippte auch das dickste Eis wie ein Sprungbrett.

Von nun an gehörte uns der See. Wir bauten Schilfhütten, in denen wir auf alten Säcken hockten und Brombeerblätter mit «durchschlagendem» Erfolg aus unseren Indianerpfeifen rauchten. Mit den Schlittschuhen halfen wir uns gegenseitig aus. Der Schuster bekam viel zu tun, denn wir drehten die Schrauben so fest, daß die Absätze abbrachen. Die andern sausten unterdessen mit Peekschlitten über das Eis oder huschten mit selbstgebastelten Segeln wie piepsende Fledermäuse umher.

Den größten Spaß aber machte uns das Fischen unter dem Eis. Regungslos standen wir vor dem Eisloch, sahen den Hecht gierig auf den Köderfisch zuschwimmen und ihn verschlingen. Die Kunst, den Raubfisch im richtigen Moment aus dem Wasser zu ziehen, verstand Willi am besten. Fast immer gelang es ihm, den Hecht mit kräftigem Schwung aufs Eis zu werfen, ohne daß er den Haken wieder ausspucken konnte oder die Binsenpuppe samt der vielen kostbaren, aufgewickelten Schnur unter das

Eis zog. So vergnügten wir uns, bis die untergehende Sonne die Krähenschwärme mit roter Farbe bepinselte, der Himmel sich für den Abend umzog und den Sternen zuliebe sich in seinen besten dunklen Anzug warf. Erst wenn die Mütter aus allen Häusern unsere Namen plärrten, hinkten wir auf tauben Zehen und mit glühenden Ohren nach Haus.

Für Willi war der See mehr als nur ein abwechslungsreicher Spielplatz, den man je nach der Jahreszeit zum Baden oder zum Schlittschuhfahren benutzen konnte. Für ihn besaß er eine fast mystische Anziehungskraft. Im Sommer lag er viele Stunden in einem alten Kahn und ließ sich über das Wasser treiben. Oder er beobachtete am Ufer den Fischreiher, der im seichten Wasser stand und sich die neu ausgesetzten Schleie zu Gemüte führte. Der See schien Willis Liebe zu erwidern. Nie kam er ohne Beute vom Angeln, verfingen sich seine Haken im Schilf, zerrissen vom Fluß her eingewanderte Wollhandkrabben seine Netze. Er fand jedes Haubentauchernest und sah als einziger von uns den Eisvogel über das Wasser schwirren.

Wenn wir schon längst an den Kachelöfen unsere Füße auftauten und unser heimatliches Nationalgericht, Kartoffeln mit Stippe, aßen, trödelte er noch auf dem See umher. Trotz der Kälte legte er sich oft auf das blanke Eis und starrte auf den Grund, als ob es dort unten außer Algen, Schilf, Muscheln und ab und zu einem Schwarm kleiner Fische etwas Besonderes zu sehen gäbe.

An einem Sonntag mußte Willi mächtig Senge von seiner Mutter bezogen haben. Er lief mit ganz geschwollenen Augen umher. Zuerst war außer «nee» und «weeß ich nich» nichts Vernünftiges aus ihm herauszubringen. Aber dann löste die Empörung seine Zunge. Seine Mutter, die sich zur Zeit wieder als Braut fühlte, hatte sein Lieblingskarnikkel für ihren Verlobten geschlachtet.

An diesem Abend verspürte Willi weniger denn je Lust, nach Haus zu gehen. Dort saß ja nur der fremde Onkel und fraß sein Karnickel. Seine finsteren Gedanken ließen ihn nicht auf die Fischlöcher achten. Ehe er seine Pantinen bremsen konnte, war er schon in eins hineingeschlittert. Statt der melodischen Rufe ziehender Gänse hörte der auf Anstand stehende Jagdpächter Willis schrille Schreie. Er konnte ihn gerade noch an seinem rostroten Haarschopf erwischen, bevor der Junge unter das Eis glitt. Mühsam schleppte er den triefenden, völlig erstarrten Willi nach Haus.

Flennend packte seine Mutter sämtliche Federbetten der Familie auf ihren Sohn und versuchte, ihm heißen Lindenblütentee einzuflößen. Willi wurde sehr krank. In seinen Fieberträumen fuhr er mit dem vom Onkel verspeisten Hasen auf einer Rolltreppe und fing Fische aus purem Gold.

Nach ein paar Wochen erschien er wieder unter uns. Er hatte die Farbe einer milchigen Glasmurmel. Auch ging ihm beim Wettlaufen gleich die Puste aus, und er begann zu husten. Doch das Schicksal hielt schon den richtigen Trost für ihn parat. Der nette Jagdpächter, ein Berliner namens Krause, packte ihn in sein fauchendes Auto und nahm ihn mit nach Berlin.

Angetan mit einer gewaltigen Schirmmütze, kam Willi wieder zurück. Etwas wirr erzählte er von seinen Erlebnissen. Er war im Zoo gewesen, hatte Tiere, wilder als ein angeschossener Keiler, gesehen und Freundschaft mit einem melancholischen Affen geschlossen. Der Affe hatte ihm beim Abschied sogar die Pfote durchs Gitter gereicht. Im Kaufhaus war er auf der Rolltreppe gefahren. Um diese wundervolle Einrichtung besonders auszukosten, hatte er sich auf die Stufen gesetzt. Eine Dame im Pelz war über ihn gestolpert und hatte sich auf etwas gesetzt, was Willi verächtlich als fett bezeichnete. Darauf war der Geschäftsführer herbeigeeilt und war in einen erregten Wortwechsel mit Herrn Krause geraten. Aber das schönste von allem – hier flüsterte er fast vor Andacht – wäre doch der Spucknapf auf dem Bahnhof gewesen. Ein Spucknapf, größer als eine Waschschüssel!

Wir waren fasziniert von seinem Bericht, und Willi sonnte sich darin, der Mittelpunkt zu sein.

Nur der See schien es ihm nachzutragen, daß Willi sich nicht hatte von ihm trösten lassen wollen. Er hatte beim Angeln jetzt ebenso häufig Pech wie wir.

Loblied auf den Kachelofen

Sie sind aus meiner Kindheit in der Mark Brandenburg ebensowenig wegzudenken wie der Geruch nach eingemotteten Pelzen, Bohnerwachs, nassen Hundehaaren, Schmierstiefeln und Äpfeln: die behäbigen weißen, braunen oder grünen Kachelöfen. Wacker kämpften sie gegen die auf den Schornstein drückende Sonne, den Wind und das nasse Holz. Das hing mit Vaters Vergeßlichkeit zusammen. Jahr für Jahr ließ er das in unserem Forst geschlagene, viel zu grüne Kiefernholz erst kurz vor Wintereinbruch einfahren, dessen beißender Qualm durch alle Kachelfugen nach außen drang.

Stets summten in den mit einer Messingtür versehenen Ofenröhren Kessel mit warmem Wasser, das zum Rasieren und für die unentbehrlichen Wärmflaschen gebraucht wurde, leise vor sich hin. An den Kacheln wärmte der Hausarzt sich erst fürsorglich die Hände, ehe er uns Kinder beim Abhorchen der Lunge «neunundneunzig» sagen ließ;

ein Wort, das für uns Kleinen ebenso geheimnisvoll klang wie etwa «Nebukadnezar».

Wie tröstlich, wenn wir uns bei Bauchschmerzen fest gegen den Ofen pressen konnten. Das kam häufig vor, wenn wir zuviel rohen Hefeteig genascht und Wasser darauf getrunken oder zuviel Eiszapfen gelutscht hatten. Auch wurde im Sommer gern das Aschenloch als Rauchfang für die Würste benützt. Drei Kacheln lang war das übliche Maß für die dem Pastor zustehenden Würste in Mecklenburg, so erzählte uns Onkel Karl. Er behauptete auch, daß man neuerdings dazu übergegangen wäre, den Durchmesser des Oberarms der Frau Pastor als vorgeschriebene Norm zu nehmen und deshalb bei der Einstellung Pastoren mit schlanken Ehefrauen bevorzuge.

Die meisten Öfen waren von Töpfermeister Kruse gebaut worden, einem schon recht betagten Ofensetzer, der auch den widerspenstigsten Ofen zum Zuge brachte. Einmal im Jahr untersuchte er sie alle gründlich, begutachtete den Sturzzug, besserte die Schamotte aus und gab sein Mißfallen über meinen Bruder kund. Mein Bruder hatte nämlich die tadelnswerte Angewohnheit, heimlich Teschingpatronen ins Feuer zu werfen, was selbst dem stabilsten Ofen nicht bekam und große Risse erzeugte.

Die Kunst des Anzündens war ein Geheimnis

von Erna, eines Stubenmädchens, das schon zwanzig Jahre im Hause war. Sonst war ihr Geist nicht besonders erleuchtet, aber für das richtige Heizen hatte sie geradezu den sechsten Sinn. Mit einem Minimum an Papier und Kienspänen verstand sie es im Handumdrehen, ein prasselndes Feuer zu entfachen.

Nie brauchte sie, wie die anderen Mädchen, verbotenerweise mit Petroleum nachzuhelfen oder mußte mit einer Schaufel voller Glut aus dem Küchenherd von Ofen zu Ofen rennen, eine Spur kleiner in den Teppich gebrannter Löcher hinterlassend.

Die Veteranen unter den Öfen besaßen Reliefs oder waren mit Karyatiden geschmückt, an deren üppigen unbekleideten Formen man sich oft schmerzhaft den Kopf stieß. Das Paradestück jedoch war ein Meißner Rundofen. Onkel Karl, der schöne Öfen zu schätzen wußte, nannte uns entrüstet «Banausen», weil Nirzwickis Erna ohne Rücksicht auf dieses Kunstwerk dahinter nasses Holz zum Trocknen stapelte.

Höchstens ein Drittel der vielen Öfen in dem großen Gutshaus wurden überhaupt geheizt. Nur wer krank war oder zu Gast, kam in den Genuß, in aller Frühe, während es draußen noch dunkel war, träumerisch in die knackenden Scheite zu blinzeln. Im übrigen schlief man kalt. Zum Abhärten! Wir

Kinder zogen uns deshalb gern ungewaschen im Bett an, sobald die alte Nana uns den Rücken kehrte.

Ebenso wie die Schneekönigin in Andersens Märchen war Großtante Adele gegen Frost völlig unempfindlich. Selbst bei Diners blieb der Eßsaal kalt. Während die Damen in ihren ausgeschnittenen Kleidern still vor sich hinfroren, sorgten die Männer mit viel Rotwein für die notwendige Körpertemperatur. Großtante, die von allen neumodischen Sachen nichts hielt, beobachtete deshalb mit großem Mißtrauen, daß ihr ältester Sohn eine Zentralheizung einbauen ließ.

Er tat es, als die Milch in der Babyflasche seines Erstgeborenen gefroren war. Doch bald stellte es sich heraus, daß die Heizkörper dem eisigen Ostwind und den hohen Räumen in dem alten Gutshaus nicht gewachsen waren. Die Kachelöfen mußten zusätzlich geheizt werden. Großtante triumphierte.

Eines Abends im Advent

Unser Dorf lag sehr einsam, es bestand nur aus sieben Häusern. Bis zum nächsten Städtchen waren es 14 Kilometer, und zur Schule mußten wir eine Stunde durch den Wald trotten. Es gab weder einen Bäcker noch einen Laden bei uns, und nur einmal in der Woche kam ein Krämer mit Pferd und Wagen, um uns mit allem Nötigen zu versorgen. Bis zur weitentfernt liegenden Stadt war bisher nur mein Bruder vorgedrungen. Was er uns von seiner Reise erzählte, war allerdings eher beängstigend als verlockend.

Auf der Hinfahrt hatten sich die Mitreisenden über seine handfesten, dick mit Speck belegten Brote mokiert. Der Laubfrosch, den er sich sofort von seinen Ersparnissen gekauft hatte, war im Hotel über Nacht auf der Heizung zur Mumie ausgetrocknet. Mein Bruder kannte nämlich nur Kachelöfen und hielt die verschalte Zentralheizung für eine Art Wandschrank. Im Zoo hatte er sich über seine Tante geärgert, die ihm keine Zeit ließ, in

Ruhe die Hirsche und Rehe zu betrachten und die Spatzen zu füttern, sondern ihn dauernd zu Tieren schleppte, die er doch gar nicht kannte.

So verspürten wir kein Verlangen nach der Zivilisation, und unsere kulturellen Ansprüche blieben bescheiden. Dafür bedeutete das vorweihnachtliche Singen an den Adventssonntagen für uns ebensoviel wie für Großstadtkinder vielleicht ein Theaterbesuch von «Peterchens Mondfahrt» oder «Hänsel und Gretel».

Das gemeinsame Singen mit den Dorfkindern fand bei uns zu Hause in einem Raum statt, der die etwas übertriebene Bezeichnung «Salon» führte. Vielleicht weil ein Bechsteinflügel darin stand. Da man damals im Gegensatz zu heute Barockmöbel als Gebrauchs- und nicht als Kunstgegenstände ansah, waren die seidenen Bezüge der Stühle und Sessel zerschlissen und ausgeblichen, und in den Schränken ließ es sich der Holzwurm wohl sein. Die silbergraue Tapete war über dem Ofen schwärzlich verfärbt und die Tür von Hundepfoten zerkratzt.

Jeder einigermaßen geschulte Kinderchor hätte wahrscheinlich über unseren Gesang mitleidig gelächelt, und jeder durchschnittliche Pianist wäre über die musikalischen Freiheiten, die sich meine Mutter herausnahm, sehr erstaunt gewesen, Passagen, die ihren Fingern geläufig waren, gingen im schnellen Tempo vor sich, während sie an schwierigen Stellen ohne Rücksicht auf das vorgeschriebene Tempo ein Andante spielte.

Aber uns war es mehr um die vorweihnachtliche Stimmung als um stimmliche und technische Vollkommenheit zu tun. Mit dem Wort Stimmung hätten wir allerdings gar nichts anzufangen gewußt. Ohne viel Nachdenken genossen wir die alten Weihnachtslieder, den Anblick der brennenden Kerzen, die altmodischen Transparente, den Berg selbstgebackener, mit Mandeln gespickter Pfefferkuchen und die Wärme des Raumes, während draußen einem die Kälte die Ohren rot anlaufen ließ. Wie gemütlich klang das Klappern der Fensterläden, das Rascheln des trockenen Efeus hinter den Scheiben und das Knacken des Holzes im Ofen!

Doch dieses Jahr war das alles in Frage gestellt, denn Erwin Heidepriem hatte schlicht erklärt, den Nikolaus gäbe es nicht, das Christkind sei eine Erfindung der Reichen, und fromme Lieder um einen Tannenkranz zu singen, sei doof. Sein Vater, der es vorzog, seinen Lohn als Straßenarbeiter in Schnaps anzulegen, anstatt seine Familie damit zu ernähren, mußte ihm diese fortschrittliche Idee eingepflanzt haben. Der Nikolaus beunruhigte uns nicht. An ihn glaubten wir sowieso erst wieder, wenn er vor uns stand, aber die Sache mit dem Christkind und dem

Singen schien uns bedenklich. Auf die Existenz des Christkinds kam Erwin vorsichtshalber nicht mehr zurück; um so mehr ließ er sich darüber aus, daß Singen etwas für alte Weiber und kleine Mädchen sei.

Nun war Erwin der Anführer unserer kleinen Kindergemeinschaft, der im Aufspüren von Kiebitznestern, Reusenlegen und heimlichen Fallenstellen nicht so schnell seinen Meister fand. Auch war er kräftig für sein Alter und ersetzte durch schlagende Beweise, was ihm an geistiger Wendigkeit fehlte. So galt sein Wort bei uns, und einer nach dem anderen stimmte ihm zu. Wir Mädchen zuerst, denn wir waren noch in dem Alter, wo man es als Makel empfindet, kein Junge zu sein.

Wir liefen zu unserer Mutter und teilten ihr unseren Beschluß mit, künftig auf Adventsfeiern verzichten zu wollen. Sie meinte in ihrer gleichmütigen Art, gegen einen Adventskranz hätten wir ja wohl nichts einzuwenden, und die Pfefferkuchen würden sicherlich auch so ihren Abnehmer finden. Ein Vorschlag, der uns sehr erleichterte!

Von nun an sprachen wir über das Singen in demselben nachsichtigen Ton wie über die Zeit, als wir noch Lätzchen tragen und zum Essen einen Schieber benutzen mußten. Das hinderte uns nicht daran, uns voller Eifer dem Pfefferkuchenbacken zu widmen. Wie jedes Jahr mußte der Teig noch einmal erneuert werden, weil vom Hausherrn bis zum Landbriefträger jeder «mal eben» probiert hatte. Dann wiederum war es viel zuviel Teig. Wir stöhnten, schwitzten, rollten und stachen endlos Sterne, Kringel und Nikoläuse aus. Zum Schluß lag der Bernhardiner winselnd vor Bauchschmerzen in der Ecke, und wir spürten heftiges Verlangen nach sauren Gurken und Wurstbroten.

In der Küche sah es aus, als ob sich Bäcker eine Mehlschlacht geliefert hätten, und es war so heiß wie im Maschinenraum eines mit Volldampf fahrenden Schiffes. Noch Tage danach waren Spuren von Sirup und Zuckerguß in unseren Haaren.

Auch die Weihnachtsarbeiten für Eltern, Geschwister, unzählige Freunde und Verwandte begannen uns zu beschäftigen. Meine Eltern besaßen mehrere Kartons voll dieser schönen Dinge, die sie sich ab und zu gerührt betrachteten, aber leider kaum benutzen konnten. Ein schneeweißes Tuch mit einem eingestickten großen Pferdekopf, zum Abwischen der Trensen gedacht, gehörte auch dazu.

Am zweiten Advent stellte meine Mutter wie immer den Kranz auf den Flügel. Wir drei Geschwister sahen uns an und verzogen uns nach draußen. Mit den Dorfkindern gingen wir gemeinsam zum

Schlittschuhlaufen hinunter zum See. Der Bernhardiner folgte uns schnaufend. Es war die erste Kältewelle im Jahr. Der See war erst seit einigen Tagen zugefroren und noch frei von Schnee und Unebenheiten. Auf dem Eis ergriffen wir den Schwanz des mächtigen Hundes, und er zog uns unter wohlwollendem Knurren in einer langen Schlange über die weite, von knisterndem Schilf umgebene Fläche hinter sich her. Über unseren hitzigen Spielen und langen Verfolgungsjagden vergaßen wir den Adventssonntag.

Es begann zu schneien. Das Eis vor uns reckte und dehnte sich und gab seufzende Laute von sich. Auf den Gehöften auf der anderen Seite des Sees gingen die Lichter an, und der Wind trug den Klang der Glocken zu uns herüber. Als es so dunkel geworden war, daß wir einen Baumstumpf mit einem Fuchs verwechselten, machten wir uns, durchfroren und steif vom langen Stillstehen, auf den Heimweg. Ich riß mir dabei noch eine ordentliche Schramme am Stacheldraht eines Koppelzaunes, was meine Stimmung nicht verbesserte.

Als wir über die Veranda ins Haus kamen, stutzten wir. Vor uns standen, säuberlich ausgerichtet, zwölf Paar Holzpantoffeln unserer Dorffreunde. Wir selbst durften leider nicht nur in Wollsocken im Haus herumlaufen. Aus dem erleuchteten Salon drang Geflüster. Eilig wechselten wir die Schuhe, hängten die Lodenmäntel an die Haken und stürmten hinein.

Entzückt schnupperten wir den wohlvertrauten Geruch nach Wachs, Tannennadeln, Kernseife, Haarpomade und Pfefferkuchen, und zufrieden stellten wir fest, daß die Transparente in althergebrachter Reihenfolge aufgestellt waren. Das verschneite Häuschen mit den Bibelsprüchen an jedem Fenster ganz vorn, die angekohlten, beschädigten Transparente hinten auf dem Flügeldeckel, in der Mitte der Adventskranz und zwei große Leuchter mit dicken, gelben Wachskerzen, je rechts und links die Notenblätter! Rasch ergriffen wir unsere Blockflöten und von uns und dem Klavier begleitet, sangen die Kinder «O Tannenbaum», daß die Porzellanfiguren in der Glasvitrine erzitterten.

Als wir zum fünftenmal das Lied «Kling, Glöckchen, kling» anstimmten, wobei wir der Reihe nach unseren Gesang mit dem Bimmeln eines Porzellanglöckchens unterstreichen durften, öffnete sich die Tür. Erwin kam zögernd herein. Seine finstere Miene schien zu drohen: Eine Bemerkung – und es knallt!

Wir waren jedoch viel zu sehr damit beschäftigt, auf den vierjährigen Otto aufzupassen, der, anstatt auf seinen Einsatz zu achten, verträumt am Klingelklöppel lutschte, als daß wir uns um Erwin gekümmert hätten. So entspannte sich sein Gesicht. Er stellte sich dicht neben meine Mutter, kürzte fachmännisch, ohne die Kerze zu löschen, einen blakenden Docht, und während draußen der immer stärker fallende Schnee jeden Laut erstickte, fiel seine helle Knabenstimme in den Chor mit ein.

Unsere Ahnfrau hieß Agnete

Tante Esthers verwandtschaftliche Beziehungen zu uns waren dunkel. War sie doch keine «Geborene», sondern nur eine «Gewisse», wie Großmutter sagte. Nachdem ihr Vater den letzten Heller verspielt hatte, fand er es bequemer, sich auf den Friedhof zurückzuziehen, als seine Frau und Tochter in eine kleine Mansardenwohnung zu begleiten. Tante Esther schien ihrem Vater, dem Lebemann, ziemlich ähnlich zu werden. Sie lernte in der Eisenbahn auf der Strecke Hannover–Düsseldorf einen Rheinländer kennen, trank – wie schamlos, dieses junge Ding! – am hellen Tage mit ihm Sekt im Speisewagen, heiratete ihn acht Tage später, um ihn – eine Sensation jagte die andere – nach einem halben Jahr und drei Wochen wieder zu verlassen. Seitdem, so flüsterte man sich zu, trieb sie sich mit Männern in zweifelhaften Bars herum. Ehrbare Landwirte, die sich ab und an der schweren Aufgabe unterzogen, sich in der Hauptstadt nach neuen landwirtschaftlichen Maschinen umzusehen, berichteten darüber ihren interessierten Ehefrauen.

Es war Onkel Theo, der uns eines Tages diese aufregende Tante ins Haus schleppte. Er gehörte zu jenen zahlreichen Verwandten, die jahrein, jahraus unser Haus bevölkerten, dafür sorgten, daß der Rotwein nicht zu lange lagerte, und von denen keiner so recht wußte, von was sie eigentlich lebten. Onkel Theo, der im Berliner «Wintergarten» beim Anblick niedlicher junger Badenixen in der Wasserpantomime sich zu trösten versuchte, daß ihn jedes junge Mädchen bereits wie einen senilen Greis behandelte, entdeckte Esther am Nebentisch. Die beiden verbrachten einen vergnüglichen Abend miteinander, und Onkel Theo forderte Esther kurzentschlossen auf, doch mit ihm zu fahren. Er versicherte ihr, meine Eltern würden sich bestimmt freuen, sie kennenzulernen, und da sie gerade nichts Besseres vorhatte, tat sie ihm den Gefallen.

In eine Parfümwolke gehüllt, die uns für einen Augenblick vergessen ließ, daß im Hof gerade Dung gefahren wurde, sprang sie leichtfüßig aus dem Wagen. Der Onkel blickte etwas schuldbewußt zu Mutter hinüber, aber Mutter war viel zu gastfreundlich, um es sich anmerken zu lassen, daß sie dieser Besuch etwas überraschte. Im Gegensatz zu Betty, unserem alten Kindermädchen, begrüßte sie Tante Esther herzlich mit einem Kuß auf die Wange. Betty jedoch, bei der Mutter schon das Strümpfestricken gelernt hatte, ehe sie in die Schule ging, musterte den Besuch von den gelben Lederstiefelchen bis zu dem kühnen Schleierhut, kniff die Lippen zusammen und sagte: «Ich habe das blaue Zimmer hergerichtet!» Die Eltern sahen sich verblüfft an. Das blaue Zimmer war sonst dem jungen Gemüse vorbehalten. Es lag unter dem Dach, war schlecht zu heizen und besaß nur ein kurzes, hartes Bett.

Betty ging über Mutters schüchternen Widerspruch souverän hinweg. Sie ergriff den Koffer und stapfte damit resolut die vielen Treppen hinauf. So war Betty nun einmal. Treu, fleißig und moralischer als zehn Missionare zusammen.

Unsere neue Tante lebte sich schnell bei uns ein. Sie sang den ganzen Tag wie eine Lerche und durchstöberte in Onkel Theos Begleitung neugierig das Gutshaus von oben bis unten. Sehr zu Vaters Kummer – die Kosten für die Reparaturen erreichten schwindelerregende Summen – hatte ein ideenreicher Vorfahre den unförmigen Kasten noch mit zwei Seitenflügeln und mehreren Türmchen versehen, was seiner Schönheit nicht gerade zum Vorteil gereichte.

Tante Esther machte ironische Bemerkungen

über die Ritterrüstungen, deren Winzigkeit sie erstaunlich fand, suchte begierig nach unterirdischen Gängen und Verliesen, fand aber nur in einem Seitenkeller ein Gipsbein, von dem niemand sich erklären konnte, wie es dahingekommen war, und mehrere angebrochene Flaschen Mosel.

Sie faszinierte das Zimmermädchen, das ihr morgens warmes Wasser brachte, mit einem spitzenbesetzten rosa Negligé, das sie statt eines soliden Barchentnachthemds trug, und versuchte, den Abenden mit Hilfe eines großzügig ausgeschnittenen Abendkleides etwas mehr Flair zu geben. Ihr Versuch, uns modisch aufzufrischen, scheiterte an dem heftigen Ostwind. Sein Eishauch drang durch alle Ritzen und war stärker als jedes Kaminfeuer. So hüllte auch sie sich bald, wie wir, in viel Wolle und Gestricktes, um die Mahlzeiten in dem ungeheizten Eßsaal ohne gesundheitliche Schäden zu überstehen. Sie ging mit Onkel Theo auf Jagd, spielte mit uns Kindern «Fang den Hut», mit Vater Schach und brachte Mutter eine neue Patience bei. Kein Wunder, daß uns ihre Gesellschaft bald unentbehrlich wurde.

Der einzige Mensch, außer Betty natürlich, der sich ihr gegenüber äußerst reserviert verhielt, war Onkel Anatol. Er lebte schon, so lange ich mich erinnern konnte, bei uns und wurde jedes Jahr ein wenig sonderlicher. Sein Hobby war die Familiengeschichte, und sein Geist beschäftigte sich vorwiegend mit Ereignissen vergangener Jahrhunderte. Auf Festen war er geradezu gefürchtet, weil er die Pärchen in den Ecken mit der Frage überfiel: «Und was ist Ihre Mutter eigentlich für eine Geborene?» Er ruhte nicht eher, als bis er alles, was er von den jungen Leuten wissen wollte, aus ihnen herausgequetscht und jedes romantische Gefühl zerstört hatte.

Im übrigen interessierten ihn Frauen erst, wenn sie tot waren und in Öl oder Pastell gemalt an der Wand hingen. Seine besondere Liebe galt der Ahnin Agnete. Sie hing zwischen zwei kapitalen Hirschen in Lebensgröße in der Halle und wirkte trotz ihrer achtzehn Kinder erstaunlich jung und lebenslustig.

Ihre leicht vorstehenden Augen waren schmachtend auf den Betrachter gerichtet, und wer sie da so erwartungsvoll gegen einen Stuhl gelehnt stehen sah, verstand, daß im Hof das Gerücht ging, sie würde in Vollmondnächten manchmal aus dem Rahmen steigen und für sich allein im Sommerwind ein Menuett auf der Terrasse tanzen. Onkel Anatol nannte es geschmacklos, wenn sein Vetter Theo jedem Gast erzählte, Agnete hätte nur an dem übriggebliebenen Frühstücksbrötchen gemerkt, wenn eins ihrer Kinder abhanden gekommen sei. Jeden Abend bevor er schlafen ging, machte er ihr seine Reverenz und murmelte: «Das waren noch Frauen!»

Anatol, sonst ein ruhiger besonnener Mensch, beklagte sich, das alberne Getue Theos mit Esther mache ihn nervös. Dazu sänge die Kusine in ihrem Zimmer recht merkwürdige Lieder. Das hätte ihn so sehr irritiert, daß er im Stammbaum die Mutter seiner Base Rotraud mit ihrem eigenen Sohn vermählt habe.

Tante Esther lachte nur darüber, schüttelte ihre blonden Locken, nannte Anatol einen putzigen Menschen, beugte sich über seine Schulter, was er voller Unbehagen duldete, und sah ihm beim Zeichnen eines Wappens zu.

Eines Abends gähnte sie ungeniert und sagte: «Daß ihr das hier so ohne Theater und Konzert aushaltet! Warum gebt ihr nicht mal ein Kostümfest?»

Wie sie es schaffte, die Eltern dazu zu überreden, weiß ich nicht. Waren wir doch alle ein wenig zu schwerfällig für solche Dinge.

Aber die Einladungen wurden geschrieben und alle Vorbereitungen getroffen. Esther zeigte, daß sie nicht nur in ihren Dekolletés Schmiß besaß. Sie durchwühlte sämtliche Mottenkisten und alte Truhen nach brauchbaren Stoffen, nähte und schwang den halben Tag im Bügelzimmer das Eisen.

Unter dem Motto «Wallensteins Lager» verwandelte sie uns nach und nach in eine Horde von Landsknechten, Troßbuben, Dirnen und Marketenderinnen. Onkel Theo, der sich als Wallenstein ganz außerordentlich vorkam, bewunderte sich alle Augenblicke im Spiegel, und seine Witze wurden immer landsknechtsähnlicher, bis Mutter sich das verbat. Selbst Betty zwang sie trotz ihres Protestes in ein Marketenderinnengewand, das ihr etwas Frivoles gab. Nur Onkel Anatol weigerte sich strikt, sich an diesem albernen Mummenschanz zu beteiligen.

Der große Abend kam, und bis auf Onkel Anatol, der sich grollend in sein Zimmer zurückgezogen hatte, waren wir in der Halle versammelt, um die Gäste zu empfangen. Nicht jeder von ihnen hatte das Motto so genau genommen. Zwischen dem Lagertroß bewegten sich zwei Clowns, vier Seeräuber, ein Briefträger und drei Nixen. Besonders wurde Tante Esther bewundert, die als Gustav Adolfs Page ganz reizend anzusehen war.

Unter den Klängen eines verstimmten Flügels und zweier Geigen stieg die Stimmung von Stunde zu Stunde. Ehe wir es uns versahen, war es Mitternacht. Als die große Uhr in der Halle zwölf schlug, öffneten sich plötzlich die Flügeltüren. Der Klavierspieler ließ erschreckt die Hand auf das Fis fallen und sagte: «O Gott!», und auch wir dachten, wir hätten wohl ein wenig zu tief ins Glas gesehen;

denn auf der Schwelle stand Ahnfrau Agnete im bauschigen, mit vielen Rüschen und Falten verzierten Gewand. Sie trug eine Kerze in der erhobenen Hand und lächelte uns an. Erst als sie näher kam, merkten wir, daß Gustav Adolfs Page in ein neues, noch reizvolleres Kostüm geschlüpft war. Wir riefen: «Bravo!» und klatschten Beifall. Dann tobten wir mit Tante Esther an der Spitze in einer Polonäse durch das Haus, daß die Kronleuchter in der Halle bedenklich zu schwanken begannen.

«Und jetzt», sagte die Tante außer Atem zu mir, «werde ich deinen Onkel da oben ein wenig aufmöbeln!»

Neugierig folgte ich ihr. Ohne anzuklopfen, öffnete sie weit seine Tür, und ich sah den Onkel, der uns mit funkelnden Augen und rotem Kopf entgeistert anstarrte. Er schien mehr Burgunder getrunken zu haben, als bekömmlich war. Er schwankte mit seligem Blick auf Tante Esther zu, öffnete weit seine Arme und rief: «Agnete, meine Teure!»

«Na, man sachte», sagte die Tante, drehte sich um und schloß zu meiner herben Enttäuschung mir die Tür vor der Nase.

War unser gelungenes Fest noch lange in aller Munde, so wurde es doch von Onkel Anatol weit in den Schatten gestellt. Er fuhr nämlich mit der Tante nach Berlin und kam erst vier Wochen später als Bräutigam zurück. Als er etwas verwirrt abwechselnd Agnete und den goldenen Ring an der linken Hand betrachtete, lächelte sie ihm aufmunternd zu, so als wolle sie sagen: «Nur Mut, es müssen ja nicht gleich achtzehn kleine Ahnenforscher werden . . .»

Aus dem Leben Eduards V.

Jeden Morgen, wenn der Schweizer gähnend in den Kuhstall geschlendert kam, hoppelte Eduard V. quer über den Hofplatz zum Stall hinüber. Gemeinsam mit der Katze Frieda stärkte er sich unter den wohlwollenden Blicken des Schweizers aus einem Blechteller an frisch gemolkener Milch. Frieda hatte das nicht immer so großzügig geduldet. Doch seitdem Eduard zu einem stattlichen Hasen von fast 12 Pfund herangereift war, hatte sie es für klüger gefunden, sich mit ihm zu einigen.

Eduard V. war jedermanns Freund, gehörte meiner Schwester und mir, war eigentlich nur aus rein ökonomischen Erwägungen zur Welt gekommen. Unser stiller Traum war seit langem ein Fahrrad mit Gangschaltung und Dynamo. Doch unsere Sparschweine erwiesen sich als schlechte Futterverwerter. Bei jedem Geburtstag irgendeines Onkels oder einer Tante fielen sie erneut vom Fleisch.

Als fortschrittliche Landkinder schlachteten wir daher die unrentablen Schweine ab, gründeten eine

Kaninchen-KG und kauften von unserem Freund Erwin zwei stattliche Hasen. Eduard und Caroline, wie wir sie tauften, erwiesen sich als sehr fruchtbar. Ihre Kinder fanden im Dorf als Feiertagsbraten guten Absatz. Nach einem Jahr hatten wir bereits, wie Vater uns vorrechnete, das Geld für je ein Vorderrad und 22 Speichen vom Hinterrad zusammen.

Leider hatte Caroline eine unangenehme Eigenschaft. Sie litt häufig unter der Zwangsvorstellung, die Ohren ihrer Kinder seien Mohrrüben oder sonst was Leckeres, was die Aufzucht der Jungen erschwerte. Auch als Eduard V. dann geboren wurde, unterlag sie dieser seltsamen Suggestion. Eifrig begann sie, sein rechtes Ohr zu benagen, Eduard, der sich gerade aus leicht verschleierten Augen in der Hasenwelt umzusehen begann, riß sich entsetzt los, zwängte sich zappelnd durch engen Maschendraht und suchte verängstigt im Nachbarkäfig bei seinem Vater und den älteren Geschwistern Schutz. Jedoch zeigten sie dem armen kleinen Eduard gegenüber nur wenig Familiensinn. Sein Vater kniff ihn sehr unangenehm ins Genick, und einige Brüder begannen ebenfalls ein fatales Interesse für seine Ohren zu zeigen. Nur im letzten Augenblick vermochten wir ihn noch zu befreien.

Seitdem zeigte Eduard eine begreifliche Abneigung gegen das Leben in der Familie. Er beschloß auszuwandern. Beim Ausmisten machte er sich still davon. Unbemerkt verschwand er im Holzschuppen.

Zweimal fingen wir ihn wieder ein. Beim drittenmal kam er erst nach acht Tagen, von Friedas spielerischen Pfoten getrieben und ganz mit Häcksel bedeckt, unter der Dreschmaschine zum Vorschein. Vor so viel Freiheitsdrang kapitulierten wir und ließen ihn laufen.

Es fiel Eduard nicht leicht, sich in der Freiheit zurechtzufinden. In den ersten Tagen erwischte ihn fast ein Habicht auf der Koppel. Eduard floh unter einen umgestülpten Hühnertrog, und der Habicht, einer von der bequemen Sorte, griff sich statt dessen das Huhn, das Eduard durch sein plötzliches Erscheinen unter dem Trog hervorgescheucht hatte. Bevor er lernte, die Kettenlänge des Hofhundes richtig abzuschätzen, verlor er ein großes Büschel seiner schwarzen Haare, und in seiner neuen Wohnung, der roten Scheune, machten ihm die Ratten und Iltisse das Schlafen schwer. Aber allen Widerständen zum Trotz: Eduard setzte sich durch, wuchs, wurde kugelrund, und in seinem Fell konnten sich fast Friedas grüne Augen spiegeln. Er lernte das ungebundene Leben eines Junggesellen zu schätzen, wurde selbstbewußt, arrogant und sehr von sich eingenommen. Kurz: ein Mann!

Im Frühjahr, wenn der Hofhund Nacht für Nacht sein Huu-Hup zum Mond emporheulte, Friedas Verehrer sich fauchend über den Hof jagten und Nachbars Irmchen am offenen Fenster oft und gern die Waldeslust besang, begannen sich auch in Eduard gewisse zarte Empfindungen zu regen. Dann hoppelte er zu den Kaninchenställen, um ein sehnsuchtsvolles Auge auf die hübschen kleinen Hasenfräulein zu werfen. Doch der Anblick seiner durcheinanderwimmelnden Verwandtschaft ließ ihn schleunigst wieder kehrtmachen und in seiner Scheune verschwinden.

Eduard muß zwei Jahre gewesen sein, als sich Tante Adele bei uns ansagte. Tante Adele war die Schriftstellerin unserer Familie. Daß ihr Talent noch im verborgenen blühte, lag nur daran, daß ihre Geschichten zu traurig waren. Sie bekam es einfach nicht übers Herz, den düsteren Schicksalslauf ihrer Heldinnen bis zum bitteren Ende zu bringen, und so blieb der Schluß stets ungeschrieben. Für jeden halbwegs mitfühlenden Menschen war es herzbewegend anzusehen, wie sie beim Schreiben still vor sich hin seufzte und schließlich in Tränen ausbrach.

Außer dem Talent für tragische Geschichten besaß Tante Adele noch einen Hund. Ein ungeschlachtes Tier, groß wie ein Kalb und tintenschwarz, von dem sie sich nie trennte und das sie

Bienchen nannte. Während sie beim Abendbrot Bienchen mit rohen Mohrrüben fütterte, erzählte sie uns, Bienchen hätte was an der Leber und dürfe nur noch vegetarisch ernährt werden. Das Vieh sah uns, die Mohrrübe lustlos im Maul, mit trostlosen Augen an und stierte auf die Aufschnittplatte, die Mutter gerade Tante Adele reichte.

Am nächsten Tag durfte er nur kurz mit uns spazierengehen und mußte, um sein Herz zu schonen, bei Tante Adele bleiben, die auf der Veranda saß und dichtete. Während sie sich auf seinem Rücken die Füße wärmte, kam Eduard an der Treppe vorbeigehoppelt. Bienchen seufzte fast so tief wie Tante Adele, erhob sich, reckte sich, sprang mit einem Satz die Treppe hinunter auf den arglosen Eduard zu und biß ihn ins Hinterteil. Glücklicherweise kamen ihm dabei so viele Haare zwischen die Zähne, daß er ihn wieder losließ. Eduard sprang fast senkrecht in die Luft und versteckte sich unter einer Blautanne. Bienchen vergaß Leber, Herz und Diät. Er begann mit Eduard «Bäumchen, Bäumchen, wechsel dich» zu spielen. Knurrend und japsend jagte er das Kaninchen von der Blautanne zum Holunderbusch, vom Holunderbusch unter die Buchsbaumhecke, bis er ihn schließlich am Hinterlauf zu fassen bekam. Eduard hatte es jetzt mächtig mit der Angst zu tun. Er begann zu fiepen und zu schreien. Wir stürzten aus dem Haus zu seiner Hilfe herbei. Aber Bienchen war so in Rage, daß selbst Tante Adele, die kräftig an seinem Schwanz zog, ihn nicht zur Vernunft zu bringen vermochte. Erst als meine Schwester, unbemerkt von Tante Adele, ihm einen fetten Kotelettknochen unter die Nase hielt, biß er sich darin fest und ließ sich wegführen. Doch Eduard brauchte lange, ehe er sich von diesem Schreck erholt hatte. Sobald sich ihm jemand näherte, verschwand er blitzschnell in seiner Scheune.

Eduard V. war eins der wenigen Tiere, denen es auf dem Hof gestattet wurde, ohne jeglichen Nutzen alt zu werden. Wahrscheinlich hätte er noch viele Generationen Karnickel überlebt, wenn Egon nicht gewesen wäre. Er war Irmchens Vetter und verbrachte seine Herbstferien bei ihren Eltern. Wir mochten den fetten Bengel ebensowenig wie Irmchen. «Den haben se als Kind zu heiß gebadet», pflegte sie abfällig zu sagen.

Allerdings nur wenn er nicht dabei war, denn Egon war einen Kopf größer als sie und wandte gern bei ihr den Polizeigriff an, wie er es nannte, und der war sehr schmerzhaft.

Als wir an einem Regentag Versteck in der roten Scheune spielten, kam er dazu und spielte unaufgefordert mit. Wir beachteten ihn gar nicht. Von uns aus konnte er in seinem Versteck verschimmeln. Das ärgerte ihn. Er zog seine Schleuder aus der Tasche, zielte auf den im Stroh herumschnuppernden Eduard und ließ den Stein fliegen. Der Stein traf Eduard dort, wo er am verwundbarsten war: im Genick. Als meine Schwester ihn behutsam aufhob, war er schon tot.

Egon wartete unsere Reaktion nicht erst ab. Er kletterte hastig das Stroh hinauf und suchte auf einem Balken Schutz. Wir machten uns nicht die Mühe, ihm zu folgen. Erwin zog nur sein Taschenmesser, ließ die breite Klinge einschnappen, warf sie einmal spielerisch gegen das Scheunentor und zielte dann mit der Klinge auf Egon. «Ich zähle bis drei», sagte er. Egon sprang schon bei eins. Ehe er sich aufrappeln konnte, waren wir über ihm.

Eduards Begräbnis war sehr würdig. Er bekam den schönsten Platz neben dem Kanarienvogel Hansi auf unserem kleinen Tierfriedhof. Sogar Frieda nahm daran teil und mauzte ergriffen. Nur Egon fehlte. Er lag im Bett, und Irmchens Mutter machte ihm kühlende Umschläge auf einen gewissen Körperteil.

Ein Bernhardiner namens Möpschen

Alle in unserem Dorf fürchteten den Bernhardiner Argo, den düsteren, furchteinflößenden Star. Wenn er im wiegenden Trab die Dorfstraße entlangkam, trat man scheu beiseite, und unartige Kinder wurden mit dem Ausspruch: «Argo kommt und frißt dich» in Schach gehalten. Sein Großvater gehörte noch zu jenen legendären Hunden, die einst auf dem St. Gotthard, ein Schnapsfläschchen umgeschnallt, nach im Schneesturm verirrten Menschen suchten.

Als Argo zu uns kam, schien er nur aus einem riesigen Kopf, der viel zu groß für den winzigen Körper war, und ungeheuren Pfoten zu bestehen. Bis auf seinen langen Stammbaum hatte er nichts besonders Eindrucksvolles aufzuweisen. Höchstens große Pfützen, die er sogar auf den guten Teppichen hinterließ. Sein Bellen klang wie die Stimme eines Eunuchen, der in Wut gerät, und für die beste Verteidigung hielt er immer noch die Flucht.

Doch das liebebedürftige Herz unserer betagten Köchin Martha quoll bei seinem Anblick auf wie ein Hefeteig im Backofen. Nach der Rechnung des Züchters – sie war sehr hoch – gehörte er uns, nach dem ungeschriebenen Gesetz der Zuneigung ausschließlich ihr. «Möpschen», so nannte sie ihn zärtlich, wurde von ihr zur Reinlichkeit erzogen, ernährt und in die Schule des Lebens geschickt.

So nach und nach wurde aus Möpschen ein riesiges Vieh von der Größe eines wohlgeratenen Kalbes. Seine Stimme erschreckte jetzt selbst mutige Männer, und wenn er gähnte, wichen wir Kinder achtungsvoll zurück. Während der Mahlzeiten saß er neben Martha in der Küche, und sie fütterte nicht nur seinen Magen mit guten Bissen, sondern auch seine Seele mit ihren Anschauungen und Erlebnissen. Unter diesem Einfluß begann er einen ausgesprochen sozialen Charakter zu entwickeln. Jeden Bettler und Landstreicher begrüßte er freundlich aufmunternd, als ob er sagen wolle: «Tritt ein, das Haus ist leer.» Die gutangezogenen Gäste meiner Eltern empfing er jedoch mit grimmigem Knurren, was nach einem Diner den Aufbruch oft sehr verzögerte.

Noch heute hat es meine Kusine nicht vergessen, daß er ihr die einzige Gelegenheit, den Zeppelin «Hindenburg» zu sehen, verdarb. Der Zeppelin schwebte in erhabener Größe, eindrucksvoll von der Sonne beleuchtet, am Dorf vorbei und zog uns alle wie ein Magnet über Koppeln, Wiesen und Felder hinter sich her. Nur unsere Kusine nicht! Vergeblich rannte sie von einer Haustür zur anderen, um einen Ausschlupf zu finden. Möpschen war stets schneller als sie und zeigte ihr sein makelloses Gebiß. Glücklicherweise hörte Fräulein Martha nicht die Injurien, die sie ihm an den Kopf warf. Meine Eltern waren sehr froh darüber; denn Verwandte waren leichter zu beschaffen als jemand, der so wundervolle Omeletten zu backen verstand.

Wenn Möpschen nicht gerade schlief, was er gern im Sommer auf den frisch bepflanzten Beeten tat, hielt er nach etwas Beißbarem Ausschau. Interessiert zeigte er sich an weglaufenden Kinderbeinen, Küken ohne Glucke und den vollschlanken Oberarmen der Waschfrau. Sein quälender Alptraum wurde ein Hühnerküken. Es war nach beharrlichem Brüten wider alle Regeln der Natur aus einem Nestei ausgebrütet worden und gehörte ebenfalls zu Fräulein Marthas Lieblingen. Ein Versuch, es heimlich im Maul zu zerdrücken, endete mit demütigenden Schlägen auf das Hinterteil und der barschen Aufforderung, sich aus der Küche zu scheren. Voller Resignation duldete Argo nun, daß der Findling seinen buschigen Schwanz als Nachtquartier benützte und die besten Bissen aus seinem Napf pickte.

Sei es aus Kummer über die ihm widerfahrene Ungerechtigkeit, sei es durch eine vom Großvater geerbte Schwäche, der sich vielleicht manchmal im Schneetreiben still beiseite geschlichen hatte, um selbst einen Stärkungsschluck zu nehmen – Argo begann eine auffallende Vorliebe für Bier zu zeigen. Eines Nachmittags – wir saßen gerade draußen und tranken mit dem neuen Vikar Kaffee – mußte er entdeckt haben, daß der Hahn des Bierfasses im Keller tropfte. In rasendem Tempo schoß er aus der Unterwelt empor und umkreiste uns. Uns wurde schwindlig.

Der Vikar, schon leicht nervös durch die vielen Wespen auf der Erdbeertorte, verlor vollends die Fassung, als Argos dicker Kopf neben ihm auftauchte und der Hund Anstalten machte, auf seinen Schoß zu klettern. Nur mit vereinten Kräften gelang es uns, zu verhindern, daß er den erschreckten Diener Gottes mit seinen Pfoten liebevoll umarmte und sein Gesicht ableckte. Wie ein verschmähter Liebhaber setzte er sich auf die Verandastufen und heulte inbrünstig vor sich hin. Dann rollte er die Treppe hinunter und fiel in einen tiefen Schlaf. Als er aufwachte, knurrte er selbst die Köchin an und schlabberte einen halben Eimer Wasser leer.

Aber seine Untugenden und Schwächen blieben in unserer Familie. Für das Dorf war er ein respekteinflößendes, unheimliches Wesen, mit fast übersinnlichen Kräften begabt. Einige glaubten sogar, daß er an zwei Stellen zugleich auftauchen könnte. Wie mancher Volksheld ging er trotz seines bürgerlichen Todes – er starb an Altersschwäche – in das Reich der Legende ein und blieb unsterblich. Er hätte, so erzählte man sich, Fräulein Martha davor gerettet, von einer Kreuzotter gebissen zu werden, indem er die Schlange mir nichts, dir nichts auffraß. Davon wäre er, nach einigem Siechtum, zwar etwas kleiner, aber stärker und böser denn je geworden. Sein Nachfolger, Argo II., hatte unbemerkt seine Herrschaft angetreten.

Wenn das Obst geerntet wird

Wir nennen sie nur «Gärtnerin aus Liebe», obwohl Tante Agnes' Mozart-Kenntnisse ziemlich dürftig sind. Sie enden bereits bei «Einer kleinen Nachtmusik». Dafür weiß sie alles über Schädlingsbekämpfung und wann man am besten die Rosen spritzt. Mit der gleichen Hingabe, mit der ihr bärtiger Neffe sich in Marcuses und Maos Schriften vertieft, studiert sie Gartenkataloge. Sie grübelt lange darüber nach, welche Erdbeersorte sie wohl pflanzen soll und ob es die Himbeersträucher noch ein Jahr tun.

Gemüse anzupflanzen, hat sie endlich nach jahrelangem passivem Widerstand von seiten der Familie aufgegeben. Niemand möchte viermal in der Woche grüne Bohnen essen, auch nicht in reiner Butter geschwenkt. Der Salat schoß ungenützt in die Höhe, und die grünen Tomaten wollten im Keller zwischen ausgedienten Schuhen und anderem Krimskrams nicht so recht ausreifen, seitdem sie Tante Agnes nicht mehr auf sämtlichen Fensterbrettern in der Wohnung ausbreiten durfte. So ist ihr nur, außer einem kleinen Kräuterbeet, das Obst geblieben. Doch auch dieses letzte Reservat wird bereits von der Familie stark angegriffen, die leuchtende Blumenrabatten und englische Rasen vorzieht. Aber noch ist Tante Agnes die Beherrscherin des Gartens.

Wer von den anderen würde so unermüdlich pflanzen, hacken, jäten und graben. Ganz zu schweigen von der vorzüglichen Düngung, die die Erdbeeren fast ersticken läßt. Plastikeimer, Wannen und Schüsseln verschwinden aus der Küche. Tante Agnes fängt damit das Regenwasser auf, das natürlich zum Gießen am besten taugt. Mißgeschicke lassen sich nicht immer vermeiden. Man muß ständig auf der Hut sein, daß die Kinder die Gartengeräte nicht verschleppen. Besonders auf die Gartenschere haben sie es abgesehen, deren vielfältiger Verwendungszweck sie fasziniert. Jedoch schlimmer als die Kinder sind Wühlmäuse, Schnecken und natürlich die Amseln und Stare.

Was hat sie nicht alles ausprobiert, um sie von den beiden kleinen Kirschbäumen fernzuhalten. Weder Böllerschüsse noch in die Äste gehängte Salzheringe verfingen. Unbeirrt lassen sich die Stare in Schwärmen nieder und krächzen nur höhnisch, wenn Tante Agnes erbost in die Hände klatscht.

Ihre große Stunde schlägt, wenn die Obsternte endlich da ist. Die Zeit des Einweckens hat begonnen. Sobald Tange Agnes in der Küche erscheint, verdrückt sich der Neffe; und die Hausfrau seufzt: «Müssen wir denn gerade jetzt in der größten Hitze pflücken?» Doch da kennt Tante Agnes kein Pardon. Was sein muß, muß sein. Bald zeigen sich die Spuren ihrer Leidenschaft an allen Fingern, die vom vielen Pflücken und Zupfen rot gefärbt sind. In ihren Vorbereitungen für das Einwecken ist Tante sehr gründlich. Gläser und Ringe müssen mindestens viermal gewaschen und die Ränder trocken gerieben werden.

Allem Neumodischen gegenüber ist sie voller Skepsis. Sie findet es höchst bedenklich, daß man heutzutage nicht mehr ein Pfund Zucker auf ein Pfund Obst nimmt, sondern dafür irgend so ein Zeug, damit das Obst schneller geliert und nicht mehr so lange zu kochen braucht. Nur mit dem Entsafter hat sie sich angefreundet. Sie findet ihn praktischer, als ein Mulltuch zwischen die vier Beine eines umgestülpten Küchenstuhles zu spannen und den Saft langsam durchtropfen zu lassen.

Beim Aussteinen spricht sie von jener Zeit, da auch Kinder gern unter fröhlichem Gesang beim Einmachen halfen und sich darauf freuten, hinterher die Marmeladenreste aus dem dicken Topf zu kratzen. Unmöglich, daß damals sich all das kostbare Gelee und die Marmelade in eine Art Zuckerstein verwandelte, weil sich kein Abnehmer dafür fand, wie es ihr heute passiert.

Während der Weckapparat leise vor sich hingluckert und alles in der Küche bereits klebt, schwelgt Tante Agnes in Erinnerungen. «Wenn man bedenkt», sagt sie zu der Hausfrau, die gerade zu ihrem Entsetzen unter dem Tisch noch einen wohlgefüllten Eimer unabgemachter Johannisbeeren erspäht, «was wir alles nach dem Kriege eingeweckt haben. Holunderbeeren, Kürbis, ja sogar Rhabarber!»

Versonnen blickt sie vor sich hin und fährt fort: «Pflaumenmus aß Eberhard immer so gern, auch Johannisbeergelee wußte er zu schätzen.» Sie hat vergessen, daß ihr Mann einst in ihrer Abwesenheit sämtliche Johannisbeersträucher herausreißen und statt dessen Tannen pflanzen ließ, weil er die Pflückerei so satt hatte.

Auch sonst erntet Tante Agnes nicht immer den gebührenden Dank. Als sie neulich den Neffen mit einem Korb Johannisbeeren zu einer kranken Nachbarin schickte, ließ diese ihr bestellen: «Johannisbeeren bitte künftig nur in Form von Saft!»

Die ganz billige Tanne

Vater liebte Bäume. Mit seiner Familie war er auch nicht unzufrieden, aber über seinen Wald ging ihm nichts. Als ich geboren wurde, gab er einer Kiefernschonung gleichen Jahrganges in der ersten Freude meinen Namen. Großzügig ließ er uns an seiner Liebhaberei teilnehmen. Wir Kinder mußten manche Stunde damit verbringen, Kiefernpflanzen einzuschlagen, Alleebäume beim Einpflanzen zu halten und Rüsselkäfer aus den Schutzgräben zu sammeln.

Bald bekam meine ältere Schwester auch jenen fernen, nach oben schweifenden Blick, mit dem man beim Anzeichnen das zu schlagende Holz prüft. Vaters ganz besondere Liebe galt den Edeltannen. Leider mußte er häufig um die Weihnachtszeit erleben, daß ihm seine schönsten Exemplare gestohlen wurden. Dabei hatten wir ein großes Feld nur mit Christbäumen zum Verkauf stehen. Von weit kamen die Leute, um sich bei uns einen Baum auszusuchen.

Der Weihnachtsbaumverkauf war das Privileg von uns Kindern. Selbst Grippe, geschwollene Mandeln oder Zahnschmerzen hätten uns nicht davon abhalten können. Ein Teil der Bäume wurde schon vorher geschlagen. Sie lagen zum Aussuchen bereit. Doch viele Käufer zogen es vor, wie Hunde nach Wildkaninchen, in den dichten Tannen herumzustöbern und sich selbst einen Baum abzusägen.

Ausgerüstet mit dick eingefetteten Schnürstiefeln, bis zur Nasenspitze in feuerrote Schals gehüllt, die Zipfelmütze auf dem Kopf, standen wir am letzten Sonntag vor Weihnachten bis zum Dunkelwerden auf dem Feld und priesen unsere Ware an. Mit Preisen brauchten wir uns dabei nicht zu plagen. Jeder Baum kostete 50 Pfennig. Wer kein Geld hatte, bekam ihn geschenkt.

Der Tag, an dem wir in diesem Jahr unseren eigenen Christbaum aussuchten, war so kalt, daß wir selbst in unseren dicken Fausthandschuhen klamme Finger bekamen. Zunächst war die Vorstellung eines idealen Christbaumes von der Wirklichkeit so weit entfernt wie der Nord- vom Südpol. Doch je gefühlloser unsere Ohren und Zehen wurden, um so mehr verringerte sich der Abstand. Schließlich fanden wir einen.

Wir zeichneten den Baum mit einem Taschentuch und machten uns auf den Heimweg. Unterwegs trafen wir meine Mutter. Sie kam uns, gefolgt von dem Bernhardiner, entgegen. «Ich will mir nur schnell den Baum ansehen», sagte sie. «Geht schon voraus und zieht euch um.»

Als meine Mutter angestrengt auf die Tannenwipfel sah, um das Taschentuch zu entdecken, stolperte sie fast über einen Mann, der plötzlich mit einer großen Blautanne unter dem Arm vor ihr stand. «Bitte», sagte der Mann und streckte abwehrend die Tanne dem knurrenden Hund entgegen, «ach bitte, Sie haben mir doch diesen Baum geschenkt.»

Ehe meine Mutter Zeit fand, über dieses etwas konfus hervorgebrachte und merkwürdige Ansinnen nachzudenken, stand der Landjäger neben ihr. Der Anblick der Edeltanne ließ ihn zum Notizbuch greifen. Der Dieb sah meine Mutter an, meine Mutter den Hund. Gleichmütig leckte sich der Bernhardiner den festgefrorenen Schnee aus seinen Ballen und blinzelte.

«Den Baum da, ach ja, den Baum haben wir ihm geschenkt», sagte meine Mutter und betrachtete interessiert eine verkrüppelte Birke. Der Dieb wartete nicht erst ab, bis sich meine Mutter mit dem Landjäger über diesen sonderbaren Vorfall geeinigt hatte. Nur eine leise Bewegung der Tannen verriet seine Eile.

Einen Tag später rief der Vikar unseres Kirchdorfes vom anderen Seeufer an. Dieses Jahr käme er nicht, sich einen Baum für die Kirche auszusuchen. Ein Gemeindemitglied hätte ihm freundlicherweise einen schönen, preiswerten Weihnachtsbaum besorgt. Nun waren im Augenblick meinem Vater sämtliche Pastoren, einschließlich ihrer Wünsche und Pflichten, herzlich gleichgültig, denn er hatte gerade den Diebstahl einer seiner schönsten Blautannen entdeckt. Um ihn zu beruhigen, spielte ihm Mutter «Lieder ohne Worte» von Mendelssohn vor. Aber er erging sich weiter in so finsteren Drohungen, daß sie zweimal Moll spielte, wo Dur angebracht gewesen wäre.

Am Nachmittag des Heiligabend liefen wir über den zugefrorenen See zum anderen Ufer. Voran der Bernhardiner. Ab und zu rutschte er auf dem lockeren Schnee aus. Dann gaben wir ihm einen ordentlichen Stoß, und er sauste als knurrende Wollkugel auf seinem dicken Hinterteil über das Eis.

Nachdem wir bei der Kirchendienerin Kaffee getrunken und ihr geholfen hatten, die Ziegen und Kaninchen zu füttern, gingen wir zur Kirche. Der Baum stand schon geschmückt vor dem Altar. Nur die Kerzen brannten noch nicht. Wir stopften dem bullernden Kanonenofen in der Ecke noch eine ordentliche Ladung Holz in den glühenden Rachen und kletterten dann auf den Turm. Dort faßten wir das Seil und ließen die Glocken schwingen, daß es uns ordentlich in den Ohren dröhnte.

In der Kirche wurden die Lichter angezündet. Der Chor versammelte sich flüsternd und kichernd auf der Empore. Langsam füllte sich die Kirche. Auch meine Eltern erschienen. Vaters erster Blick fiel auf den Baum. Es war eine Blautanne von makelloser Schönheit. Er strich um sie herum, faßte in ihre Zweige, daß die silbernen Glöckchen daran leise klingelten, und sagte zu meiner Mutter: «Ich will ein rohes Rebhuhn verspeisen, wenn das nicht mein Baum ist!»

Meine Mutter machte einige ziellose Bewegungen mit ihrem Muff, dann zog sie ihn auf seinen Platz. Für lange Unterhaltungen war auch keine Zeit mehr. Der Kantor beschwor bereits mit drohenden Blicken den Jungen am Blasebalg, ihm genügend Luft zu geben. So setzte sich mein Vater schließlich kopfschüttelnd auf seinem Platz zurecht. Als er in das arglose Gesicht des Vikars sah, der stolz neben dem preiswerten Baum des treuen Gemeindemitgliedes stand, begann er zu lächeln.

Die gläserne Katze

In unserer Nachbarschaft lebte eine alte Dame. Sie bewohnte ein großes Haus mit vielen Türen inmitten eines verwilderten Parks. Außer ihr gab es in dem Haus nur noch ein altes Hausfaktotum und viele Katzen. Bei schönem Wetter ging sie mit ihrer Lieblingskatze an einer zierlichen Leine im Park spazieren und hielt Zwiesprache mit ihren Angehörigen. Sie lagen unter pompösen, verwitterten Grabsteinen, und Efeu überwucherte ihre Namen.

Manchmal ließ die alte Dame den Wagen anspannen, um Besuche zu machen. Wenn sie zu uns kam, liefen wir häufig unter einem Vorwand ins Wohnzimmer oder schoben vom Nebenraum die Schiebetüren leise auseinander. Fasziniert betrachteten wir sie durch den schmalen Schlitz. Sie hatte eine Stimme wie ein Cello, war ziemlich dick, trug auf ihrem dünnen Haar ein lila Häubchen, rauchte Zigarillos und hatte meist im rechten Strumpf ein Loch. Bei der Unterhaltung dominierte das Cello, begleitet von dem Hüsteln meiner Mutter, die Zigarrenrauch schlecht vertrug. «Nennt mich Tante Thekla, Kinder», sagte sie lächelnd zu uns und reichte uns ihre kleine rundliche Hand, die wir artig küßten.

Nach einem ihrer Besuche unterhielten sich die Eltern bei Tisch über sie. «Sie ist wirklich eine arme Person», sagte mein Vater. Mutter seufzte mitfühlend.

«Wieso arm», fragte meine Schwester Vera, «ihr gehört doch das große Haus?»

«Weil», sagte Vater, «von ihren vier Kindern nur noch eine Tochter lebt, und die hat . . .»

«Attention, les enfants», unterbrach ihn Mutter beschwörend. Obwohl wir den Sinn dieses Warnrufes längst kannten, konnte sie es sich nicht abgewöhnen, ihn bei jeder Gelegenheit auszustoßen.

«Hat geheiratet», endete Vater seinen Satz etwas lahm.

Vera und ich wechselten Blicke. Hier, so schien es, lohnte sich, weiter zu bohren.

«Ihr seid doch auch verheiratet, ist das etwas Schlimmes?» wollten wir wissen.

Mutter raffte sich auf. Sie war herzensgut, aber ihre pädagogischen Fähigkeiten ließen zu wünschen übrig. «Sie hat unter dem Stand geheiratet», sagte sie energisch, «und nun haltet den Mund und eßt, damit wir fertig werden.» Ein Stand war für mich so eine Art Hochsitz. Unter dem also hatte

Tante Theklas Tochter geheiratet statt in der Kirche. Toll! Ich beschloß, es ihr nachzutun.

Eines Tages kam Tante Thekla auf die Idee, eine Kindergesellschaft zu geben. Geschmückt mit unseren besten Kleidern, wurden wir von Franz, dem Kutscher, abgeliefert. Wir wurden durch eine Flucht von Zimmern geführt. Schwere rote Samtvorhänge an den Fenstern ließen nur wenig Licht herein. Tische und Stühle waren mit weißen Tüchern verhangen. Überall roch es nach Mottenpulver und ein bißchen nach Zoo. In einem der Zimmer erwartete uns Tante Thekla. Auf Stühlen und Perserbrücken räkelten sich Katzen. Wir waren sehr beeindruckt. So viele Miezes auf einem Haufen fanden wir imponierend.

Zunächst bekamen wir im Eßzimmer Schokolade und Zwieback mit Zuckerguß. Die Schokolade war reichlich bitter und der Zwieback ziemlich hart. Während wir verlegen auf den hohen, reichgeschnitzten Stühlen saßen und den Zwieback in die Tassen stippten, sahen uns aus goldenen Rahmen Männer und Frauen mißbilligend an. Die alte Dame versuchte, sich mit uns zu unterhalten, aber wir sagten nur ja und nein und rutschten unbehaglich auf unseren Sitzen hin und her.

Erst als wir wieder zu den Katzen zurückkehrten und Tante Thekla uns einen Augenblick allein ließ, legte sich unsere Befangenheit. Einer der Jungens zog einen fetten Kater am Schwanz. Wir begannen zu kichern und zu schubsen. Neugierig betrachteten wir die vielen Dinge, die auf Tischen und Kommoden lagen. Da gab es goldene Tabaksdosen, Pfeifenreiniger, Zigarettenetuis, verschnörkelte Silberschalen, merkwürdige, mit rotem Samt ausgeschlagene Schatullen und zierliche Döschen aus Elfenbein. In einer Glasvitrine standen porzellanene Schäfer und Schäferinnen. Sie wurden von einem Mops aus dunkelblauem Glas bewacht, der ein Glöckchen um den Hals trug. Wir schrieben unsere Namen auf das staubige Glas des Wandspiegels und drängten uns an den Fenstern zusammen, um in den Park zu schauen. Die große Rasenfläche vor der Terrasse war lange nicht geschnitten und das Unkraut bis zu den Stufen vorgedrungen.

Als die alte Dame wieder ins Zimmer kam, trug sie unter dem Arm einen Karton mit Holzpferden. Sie hatten richtige kleine Schweife aus Roßhaar, liefen auf Rädern und schienen ebenso alt wie unsere Gastgeberin zu sein. Schwerfällig bückte sie sich, stellte die Pferde in eine Reihe, befestigte an jedem eine lange Schnur, ließ uns Platz nehmen, gab jedem von uns eine Schnur in die Hand und forderte uns auf, die Schnur um ein Stück Pappe zu wickeln. Wer am ersten sein Pferdchen an sich herangezogen hatte, ohne es umzuwerfen, war Sieger.

Wir sahen uns verdutzt an. Schließlich durften

wir schon ab und an mit der Flinte schießen. Solche Babyspiele fanden wir unter unserer Würde. Um es kurz zu machen, es wurde die trostloseste Kindergesellschaft, die wir je erlebt hatten. Wir gähnten verstohlen und kicherten heimlich über Tante Thekla, die im rechten Strumpf wieder ein Loch hatte. Als wir mit höflicher Begeisterung eine Art Blindekuh spielten, von uns «Hänschen-Piepemal» genannt, geschah es. Vetter Carl trat ausgerechnet der Lieblingskatze Puschi kräftig auf den Schwanz. Puschi sauste fauchend auf den Kachelsims des Kamins, versuchte sich an einer Vase festzuhalten und fiel mitsamt der Vase auf ein Nähtischchen. Wir krümmten uns vor Lachen.

Von nun an lachten wir sinnlos über alles.

Traurig blickte Tante Thekla auf die Scherben, nahm ihren Liebling auf den Arm und schickte uns in den Park. Erleichtert rannten wir hinaus. Eine Weile spielten wir in dem dichten Gestrüpp Versteck, bis es uns zu langweilig wurde. Wir beschlossen, in dem Haus auf Entdeckungen zu gehen. Wir schlichen durch den Hintereingang an der Küche vorbei einen dunklen, nach Äpfeln riechenden Gang entlang und kamen uns wie die Frauen vom Ritter Blaubart vor, als wir die erste Tür öffneten. Auch hier waren die Möbel verhängt, es roch muffig nach Mäusen, und an den Wänden stapelten sich alte Kartons und Zeitungen. Im nächsten

Zimmer lagen die Tische voll von Noten und Büchern. Die dritte Tür führte in ein kleines Kabinett. «Guckt mal, wer da sitzt», wisperte meine Schwester. Leise vor sich hin murmelnd saß die alte Dame im Lehnstuhl, umgeben von verblichenen Fotografien. Die meisten zeigten Kinder in unserem Alter. Es waren immer die gleichen Gesichter: herausfordernd, verträumt, maulig oder lächelnd. Tante Thekla war wieder in die Vergangenheit zurückgekehrt, sie bemerkte uns nicht.

«Sind das ihre?» flüsterte Carl draußen auf dem Gang.

«Wo sind sie denn geblieben?»

«Tot», sagte Vera lakonisch.

«Und eine hat unter dem Hochsitz geheiratet», gab ich meinen Senf dazu.

«Mensch, bist du dämlich», sagte mein Vetter verächtlich, «mit so was sind wir auch noch verwandt. Es tut mir leid, daß ich ihre dusselige Katze getreten habe», setzte er etwas zusammenhanglos hinzu.

Schweigend trotteten wir in den Park zurück. Uns war die Lust nach weiteren Abenteuern vergangen. Die Schatten der großen Tannen fielen über den Rasen. Ein steinerner Jüngling zielte mit einem Speer nach uns.

Wir waren froh, als wir endlich nach Haus fahren konnten. Tante Thekla verabschiedete uns im

Flur. «Kommt mal wieder», sagte sie, aber sie sah uns dabei nicht an.

«Klar», sagte Carl und nahm Puschi auf den Arm. «Wenn Puschi Junge hat, möchte ich gern eins haben. Es ist eine hübsche Katze.»

«Hat es euch gefallen?» fragte die alte Dame, und diesmal sah sie Carl sehr genau an.

«Klar», sagte Carl und wurde ein bißchen rot. «Aber weißt du, das nächste Mal spielen wir lieber Krokett oder so, und dann machst du uns 'ne Bowle, die dürfen wir nämlich sonst nicht trinken. Und gibst uns eine von deinen Zigarillos für unsere Indianer-Pfeifen.» Er lächelte Tante Thekla vertraulich an. Tante Thekla lächelte zurück. Womit Carl wieder bewiesen hatte, daß er, wie seine alte Kinderfrau stolz behauptete, jeden um den Fingern wickeln konnte, wenn er wollte.

Draußen beschlossen wir, als Ersatz für die zerbrochene Vase Tante Thekla gemeinsam etwas zu schenken. Wir stritten heftig, was wir kaufen wollten. Bis Kusine Rotraud dem Streit ein Ende machte. Sie strich geziert über ihre Haare und bemerkte nachsichtig: «Natürlich kommt nur eine Vase in Frage.» Wir beugten uns ihrer großen Lebenserfahrung. War sie doch bereits seit einem Jahr in einem Internat und fuhr allein mit der Bahn bis Berlin.

Am nächsten Markttag trafen wir uns in der

Kreisstadt. In einem Haushaltsgeschäft fanden wir eine Vase aus durchsichtigem Glas in Form einer Katze. Noch nie hatten wir etwas so Wunderbares gesehen. Tante Thekla bedankte sich bei jedem von uns mit einer bunten Postkarte. Die schönste bekam Carl. Sie zeigte eine Katze, die richtige Glasaugen hatte und mächtig schielte. Ein paar Wochen später brachte Mutter der alten Dame einen Korb Erdbeeren und nahm mich mit. Während die beiden sich unterhielten, schnüffelte ich ein wenig herum. In dem kleinen Kabinett stand zwischen den Fotografien unsere Glaskatze; aus ihrem Bauch wucherten üppig Vergißmeinnicht. Sie schien mich anzublinzeln . . .

Onkel Enzios Rettung

Wenn Onkel Enzio mit sich und der Welt zufrieden war, sang er gern düstere Balladen wie: «Heinrich schlief bei seiner Neuvermählten, einer reichen Erbin von dem Rhein» und: «Seht, dort schwebt die schöne Kunigunde, eben von des Henkers Hand erblicht», was unsere Hauslehrerin stets «shocking» fand. Seine Lieblingsmoritat aber war die traurige Geschichte von Gottfried Johann Seidelbast, dem schmucken Gymnasiasten, der, anstatt Schularbeiten zu machen, ein Mädchen namens Elisabeth liebte («Jeden Abend um halb zehn, sah man sie zusammenstehn, scherzten sie und lachten, keine Schularbeiten machten.»), deswegen von der Schule gewiesen wurde und sich mit Elisabethula das Leben nahm.

In seinem sehr bewegten Leben war Onkel Enzio nur seinen Fischen treu geblieben. Seit Jahren standen auf der Marmorplatte eines ausgedienten Waschtisches im Wohnzimmer zwei große Aquarien, angefüllt mit den verschiedensten Arten von

Zierfischen. Jeder Besucher, der Onkel Enzio gut kannte, ging deshalb als erstes in die Kniebeuge, um die Fische aus der richtigen Perspektive bewundern zu können.

In einem kleineren Bassin hauste für sich allein mit seiner Frau der Raubfisch Hugo. Hugo war ein blutrünstiges Tier, das gern seine Kinder als Nachtisch verspeiste und seine Frau unterdrückte. Sie führte ein freudloses Leben hinter einem kleinen Bambusstamm. Sobald sie auch nur eine Schuppe blicken ließ, stürzte Hugo auf sie zu und züchtigte sie mit seinen Flossen. Nur unserem Onkel brachte er so etwas wie Sympathie entgegen. Er beobachtete ihn aufmerksam, wenn er durch das Zimmer ging, und geriet in freudige Erregung, sobald er sich dem Aquarium näherte, schoß an die Oberfläche und ließ sich von ihm den Rücken streicheln.

Außer Hugo gab es in der Wohnung noch die Schildkröte Rita, ein bescheidenes Tier, das sich mit verwelkten Salatblättern begnügte und nachts unter Onkel Enzios Bett schlief.

Verreiste unser Onkel, so sorgte seine Reinmachefrau, Frau Kuschinsky, für die Tiere. Sie war das einzige weibliche Wesen, das er längere Zeit in seiner Wohnung duldete, denn sie war ebenso geräuschlos wie seine Fische. Nicht, daß er der Weiblichkeit in Bausch und Bogen abgeneigt gewesen wäre. (Er war früher einmal, wie Vater es nannte, ein flotter Knabe gewesen und sah noch jetzt gern versonnen hübschen Beinen nach.) Nur eben war er ein eingefleischter Junggeselle, sehr zu Mutters Kummer übrigens, die die Hoffnung immer noch nicht aufgegeben hatte, ihren Lieblingsbruder unter die Haube zu bekommen.

Wir Kinder schätzten unseren Onkel mehr als Sahnebonbons und rote Grütze. So freuten wir uns mächtig, als er sich entschloß, diesmal seinen Urlaub ganz bei uns zu verbringen.

Seine Mitbringsel fanden leider nur geteilten Beifall. Während ich entzückt ein nacktes Püppchen mit der Bezeichnung «Die eiserne Jungfrau» mit Hilfe eines Magneten in ihre Schachtel zu legen versuchte, schüttelte Mutter halb lachend, halb ärgerlich den Kopf und sagte: «Enzio, wann wirst du nur endlich einmal vernünftig! Schließlich bist du nicht mehr zwanzig!»

«Eben, Trudel, eben!» Onkel Enzio strich sich seinen Schnurrbart, grinste heiter und ließ sich dann von ihr die neuen Stauden im Garten zeigen.

Ausgerechnet in diesem Herbst, da Onkel Enzio bei uns war, schienen sich sämtliche Mäuse der Umgebung verschworen zu haben, sich unser Haus als zukünftiges Winterquartier auszusuchen. Wie Raubritter enterten sie feindliche Burgen, unsere Zimmer, indem sie den an den Fenstern wuchernden Efeu geschickt als Leiter benutzten. Fröhlich piepsend raschelten sie hinter den Tapeten und huschten, ungeniert durch unsere Gegenwart, über den Teppich.

Leider mochte unsere Hauskatze Mäusefleisch nicht. Ihr Herz stand mehr nach zarten Buchfinkenkehlen. Sperrten wir sie des Nachts in die Küche, weil sich dort die Mäuse besonders rege tummelten, legte sie sich auf die lauwarme Herdplatte und schlief fest, bis wir sie wieder herausließen. «Freßt ihr sie doch», das stand deutlich in ihren impertinenten grünen Augen zu lesen.

Vater sagte: «Nun reicht's aber», als er eine «kalte Ente» ansetzen wollte und in der Bowlenkanne eine tote Maus fand. Da er große Angst hatte, sich die Finger zu klemmen, befahl er uns Kindern kategorisch, sofort überall Fallen aufzustellen.

So begann also bei uns die große Mäusejagd, was Onkel Enzio barbarisch fand. Ihn störte es nicht, daß sie nachts um seinen Bettpfosten Haschen spielten. Die Mäuse schienen klüger zu sein, als wir angenommen hatten. Kopfschüttelnd betrachtete sich Vater jeden Morgen die leergefressenen Fallen, die zugeschnappt waren, ohne daß sich auch nur ein Mäuseschwanz darin gefangen hätte.

«Mir einfach ein Rätsel», brummte er beim Frühstückstisch. Onkel Enzio schmunzelte.

«Reg dich nicht auf, Alfred», sagte er, genußvoll in Vaters Zigarrenkiste wühlend. «Mäuse gehören zur Familientradition.»

Wir schubsten uns unter dem Tisch und kicherten, aber wir verrieten nicht, daß wir Onkel Enzio dabei ertappt hatten, wie er die Fallen mit dem Fuß eintrat.

An einem Sonntag morgen sahen wir in der Küche, wie sich unser Bernhardiner knurrend, mit triefendem Maul im Kreis drehte und nach etwas schnappte, das sich zwischen seinen Beinen befinden mußte. Zuerst dachten wir, er hätte mal wieder den Blechteller, der unter dem Hahn des Bierfasses im Keller stand, ausgeleckt und sich einen Schwips geholt, doch dann bemerkten wir, daß es ganz etwas anderes war, was ihn so in Nervosität versetzte. Es war ein Mäusebaby, höchstens streichholzlang und mit einem endlosen Schwanz, den es kokett hinter sich her schleifte. Unbekümmert huschte es um den Hund herum und machte nur ab und an einen kleinen Sprung nach vorn, wenn er es zu packen versuchte. Furchtlos ließ es sich von uns in die Hand nehmen.

Begeistert liefen wir mit der Maus zu Onkel Enzio, und der sagte: «Macht sie euch doch zahm, Kinder, vielleicht läßt sie sich sogar abrichten.»

Das ließen wir uns nicht zweimal sagen. Ungeachtet der mütterlichen Proteste, bereiteten wir der Maus in einer Zigarrenschachtel ein Nest aus Watte und fütterten sie mit Käse. Da unser Mädchen Elli von ihrem Bräutigam oft zärtlich «Na, kleine Maus!» angeredet wurde, gaben wir dem Findling ihren Namen. Bald wurde Elli so zutraulich, daß sie uns überall nachlief und wir ständig in Ängsten schwebten, wir könnten sie in einer Tür einklemmen oder sie würde in eine der Fallen geraten.

Ein wenig später bekamen wir einen neuen Gast. Mutter, die das Kuppeln nicht lassen konnte, hatte Tante Emmy eingeladen. Wir wußten nicht genau, wieviel Jahre sie zählte. Aber unserer Meinung nach war sie schon uralt, mindestens dreißig! Sie war unverheiratet, besaß wunderschönes langes, blondes Haar, eine hohe Stimme, die Vater piepsig nannte, und ihre Nerven mußten sehr geschont werden. Deshalb verkündete Mutter uns auch gleich energisch: «Das eine sage ich euch, Kinder, die Maus muß weg, sonst setzt es was!»

Nun war guter Rat teuer. Onkel Enzio, wie immer auf unserer Seite, erbot sich, Elli so lange bei sich zu verstecken, bis die Luft wieder rein war.

Tante Emmy erschien ganz in Rosa gekleidet und verblüffte uns mit einem Blumenhut, mit dem sie im Wald spazierenging. Doch noch mehr setzte uns Onkel Enzio in Erstaunen. Er vertauschte am

Abend seine alte, vom Großvater geerbte Samtjacke mit einem eleganten dunkelgrauen Anzug und bürstete sich vor den Mahlzeiten lange und sorgfältig sein spärliches Haar. Tante Emmys blonde Locken in Verbindung mit dem Blumenhut mußten es ihm angetan haben. Für uns hatte er nur noch wenig Zeit. Zeigte weder Interesse für unsere neue Spatzenfalle noch für unseren zahlreichen Kaninchennachwuchs und benahm sich überhaupt höchst seltsam. An Tante Emmys Seite sahen wir ihn im Mondschein durch den Park wandeln. Anscheinend hatten sie sich viel Interessantes zu erzählen, denn es dauerte oft lange, bis sie am Ende eines Weges wiederauftauchten.

Die Eltern saßen unterdessen von Mücken umschwärmt auf der Veranda. Vater murmelte etwas von später Brunft und trommelte auf die Tischplatte: «So leben wir, so leben wir, so leben wir alle Tage», was Mutter haßte. Sie zuckte dann auch nervös zusammen und sagte: *«Attention, les enfants!»*

«Armer Enzio», sagte Vater und paffte unentwegt aus seiner Pfeife vor sich hin.

«Immerhin gehört ihr Klein Malzig.» Mutter hielt beharrlich an ihrem Wunschtraum fest.

«Alles Sandboden und Hypotheken bis zum Schornstein», sagte Vater ungerührt. Da sich das Paar der Veranda näherte, brach Mutter das Thema ab.

Die Tage gingen dahin, und wir grollten Tante Emmy, daß sie Onkel Enzio so intensiv mit Beschlag belegte, bis wir eines Nachts einen gellenden Schrei aus ihrem Zimmer vernahmen. Onkel Enzio war merkwürdigerweise bereits bei ihr, als wir hereingestürzt kamen, obwohl er im Parterre untergebracht war und Tante Emmys Zimmer im zweiten Stock lag, während wir auf dem gleichen Flur wie sie schliefen. Er hatte in der Eile vergessen, seinen Bademantel anzuziehen, und bemühte sich, Tante Emmy zu beruhigen, die, in ein Spitzennachthemd gekleidet, wie besessen auf ihrem Bett herumschlug. Unter dem Laken schlängelte sich etwas entlang und kam hinter dem Kopfkissen wieder zum Vorschein. Es war Elli!

Tante Emmy sank entsetzt auf das Bett zurück, was Elli benützte, ihr in den Ärmel zu kriechen. Sie kam am Halsausschnitt wieder heraus, erklomm Tante Emmys Kopf, indem sie ihr Ohr als Sprungbrett benützte, und machte Männchen. Tante Emmy schüttelte heftig den Kopf, als bedrohe sie eine Hornisse, und Elli landete unsanft auf dem Fußboden, wo sie verdattert sitzen blieb. Ich ergriff sie und verstaute sie schließlich in der Jackentasche meines Pyjamas. Tante Emmy bekam einen Weinkrampf. Sie schluchzte, sie wolle Onkel Enzio nie mehr sehen, er hätte sie kompromittiert.

Vater stellte ein strenges Verhör mit uns an, und

wir beichteten, daß Onkel Enzio sich angeboten hätte, die Maus bei sich zu verstecken, damit Mutter sie nicht entdecken würde.

«Es ist uns schleierhaft», so meinten wir, «wie Elli überhaupt in Tante Emmys Schlafzimmer gelangen konnte.»

Vater räusperte sich und brach das Verhör ab. Tante Emmy reiste unversöhnt davon, und Mutter war sehr ärgerlich auf ihren Bruder.

Von nun an war Onkel Enzio wieder ganz der alte. Er machte uns den Vorschlag, ob wir nicht Lust hätten, Elli gegen die Schildkröte Rita einzutauschen. «Wißt ihr», sagte er feierlich, «sie ist so etwas wie meine Lebensretterin.» Als wir ihn erstaunt fragten: «Wieso eigentlich?» lächelte er nur, drückte jedem von uns eine ganze Deutsche Mark in die Hand und ging in sein Zimmer. Dort hörten wir ihn so laut singen, daß der Bernhardiner in der Küche zu bellen begann. Es war die letzte Strophe von «Gottfried Johann Seidelbast», die er sang: «Die Moral von der Geschicht', liebe kleine Mädchen nicht, sonst geht's dir wie diesen, Gottfried und Elisen!»

Da wußten wir, daß Onkel Enzio glücklich war.

Pumm und das Osterlamm

Daß Pumm etwas Besonderes war, bezweifelte niemand von uns. Aber was er sich Ostern leistete, zeigte, daß er auch ein einsichtiger Hund war, bereit, seine Sünden wiedergutzumachen und sich zu bessern.

Pumm war ein Langhaardackel und gehörte meinem Bruder Billi. Trotz seines seidenfeinen Haares und der zierlichen Figur war er ein ganzer Mann. Mit einigen Vorzügen und sehr viel Nachteilen. So hätte Pumm sich eher in seine Schlappohren gebissen, als irgend jemand von uns zu gehorchen. Rief man ihn, kratzte er sich nur gedankenvoll am Hinterkopf oder tat, als ob er schliefe. Auf unseren Streifzügen übernahm er stets – zehn Meter voran – die Führung. Kamen wir auf die Idee, plötzlich eine andere Richtung einzuschlagen, setzte er sich schleunigst in Trab und schnitt uns den Weg ab, um wieder an die Spitze zu gelangen.

An Nahrungsmitteln liebte er Eier, die er als Feinschmecker gern frisch gelegt zu sich nahm.

Von hysterischem Gegacker alarmiert, eilten wir dann in den Hühnerstall und ertappten Pumm dabei, wie er die protestierenden Rodeländer Hennen sanft vom Nest zu schubsen versuchte, um an ihr Produkt zu kommen.

Katzen legten wenig Wert auf seine Bekanntschaft. Nur Frieda, unsere Hauskatze, fürchtete ihn nicht. Wenn er den Burgfrieden vergaß und voller Mordgier auf sie zuraste, drehte sie sich bloß gemächlich nach ihm um, winkte lässig mit der Pfote und fauchte ihn an, als wolle sie sagen: «Wohl wahnsinnig geworden, was?» Das brachte ihn dann wieder zur Besinnung.

Mutter hatte es aufgegeben, sich darüber aufzuregen, daß er nachts an Billis Fußende schlief und dessen Zehen als Lutschstangen benützte. Nur unsere Patentante Adele, die einmal im Jahr zu Besuch kam, zeigte sich entsetzt und meinte, bei uns ginge es ja schlimmer zu als bei den Wilden.

Es gab für Billi nichts, das er mehr liebte als Pumm, ausgenommen seine Zuckerschafe. Er hatte schon eine ganze Herde dieser merkwürdigen Geschöpfe im Wohnzimmer in seinem kleinen Nippesschrank stehen. Jedes Ostern kam ein neues hinzu. Sie waren rosa, weiß oder hellblau. Sie zeigten sich meist in ruhender Haltung, trugen um den Hals ein goldenes Glöckchen, und ihr Fell bestand aus lauter winzigen Schaumzuckerlöckchen. Billi war fasziniert von ihnen. An den Sonntagen, wenn wir längst schlafen mußten, holte er sie in sein Bett, spielte oder unterhielt sich mit ihnen. Pumm saß oft vor dem kleinen Glasschrank und starrte mit undurchdringlicher Miene auf die dümmlich vor sich hin glotzenden Lämmchen.

«Siehst du», sagte Billi dann stolz, «Pumm gefallen sie auch!»

Ein paar Tage vor Ostern hörte es auf zu regnen. Es wurde warm. Ein lauer Wind begann die großen Pfützen auf der Dorfstraße auszutrocknen. Wir holten Moos für unsere Osternester aus dem Wald und bauten sie sorgfältig im alten Bienenschuppen.

Am Ostersonntag erwachte ich schon früh. Die Sonne weckte mich. Sie hatte sich durch die Ritzen des Fensterladens gezwängt und machte es sich auf meinem Kopfkissen bequem. Ich lief zum Fenster und stieß den Laden auf. Eine Schar Spatzen schwirrte aufgescheucht schimpfend aus dem Efeu davon. Im Haus regte sich nichts. Auch draußen war es noch still. Nur aus dem Kuhstall drang Milchkannengeklapper. Ich lief nebenan zu Billi. Er schlief noch fest in seine Kissen vergraben. Nur Pumm wühlte sich unter der Bettdecke hervor und begrüßte mich gähnend.

Hastig zog ich mir ein Paar Trainingshosen und einen Pullover über, klemmte Pumm wie ein Paket unter den Arm und sprang mit ihm aus dem niedrigen Fenster. Was für ein Tag! Und er gehörte mir allein. Gefolgt von Pumm, schlenderte ich über den Rasen zum Gartenzaun.

Ich sah zum See hinüber. Ein rötlicher Dunst lag über dem Wasser. Die feierliche Stille stimmte mich froh. Ich beschloß, wenigstens für heute ein gutes Kind zu sein, und überlegte, ob wohl auf der großen, weißen Wolke, die da über den Aprilhimmel segelte, mein Schutzengel saß. Zwar hatte ich ihn noch nie gesehen, aber zweifellos mußte es ihn geben.

Ich stellte ihn mir in einer Art Nachthemd vor mit einem goldenen Band im Haar. Aus meinen Träumen weckte mich Vaters Stimme. Er beugte sein von Seifenschaum umrahmtes Gesicht aus dem Fenster und rief: «Was treibst du dich denn schon draußen herum, marsch, ins Bett mit dir!» Ich gehorchte.

Als ich zum zweiten Mal erwachte, hörte ich Billi leise nach mir rufen. Ich ging zu ihm hinüber. Er stand am Fenster und sah durch die Gardinen zum Bienenschuppen hinüber. «Sieh mal da, der Osterhase», sagte er und grinste. Ich sah, wie Mutter sich über unsere Nester beugte und etwas hineintat. «Braver Osterhase», sagte ich kichernd.

Wir beeilten uns mit Anziehen und liefen zu unseren Eltern, um ihnen artig ein frohes Osterfest zu wünschen. Dann rannten wir zu den Nestern. Auf dem Rückweg streichelte Billi zärtlich sein schönstes Osterei, ein rosarotes Zuckerschäfchen. Sorgsam stellte er es in seinen Schrank, bevor er sich ans Frühstück machte.

Wie jedes Jahr thronte ein mächtiger Papphase, dessen Kopf vor Alter leicht wackelte, von kleineren Hasen umgeben, auf einem mit grüner Holzwolle bedeckten Silbertablett. Seine rechte Vorderpfote war während seines Winterschlafes von einer vorwitzigen Maus amputiert worden, was sein Gleichgewicht etwas erschwerte. Außerdem hatten mein Bruder und ich Eierschalen höchst kunstvoll bemalt in Vasen verwandelt, mit Veilchen gefüllt und damit den Tisch geschmückt. Wir hatten gerade das erste hartgekochte, buntgefärbte Hühnerei aufgeklopft und ausgepellt, da hörten wir aus dem Wohnzimmer ein merkwürdig knirschendes Geräusch.

Vater bestreute sein Ei mit Salz und sagte: «Schon wieder Mäuse! Wie oft habe ich gesagt, es sollen Fallen aufgestellt werden, aber in diesem Haus wird ja nie auf mich gehört!» Das Geräusch ging in ein scharfes Knacken über.

«Ich geh' mal nachsehen», sagte Billi. Auch wir anderen warfen unsere Servietten auf den Tisch und folgten ihm. Und dann sahen wir die Bescherung. Pumm hatte die halboffene Tür zu Billis Heiligtum aufgestoßen und sämtliche Zuckerlämmer ermordet. Überall im Zimmer waren ihre traurigen Überreste verstreut, und auf dem Teppich lagen die Glöckchen. Das jüngste, dieses Ostern geborene Schäflein hielt Pumm zwischen seinen Zähnen. Der Kopf sah traurig aus Pumms Schnauze.

Stumm vor Entsetzen stürzte sich Billi auf ihn, um ihm das letzte Opfer zu entreißen. Doch Pumm, der als Skorpion gern seine Launen kultivierte, schnappte nach seiner Hand. Ungläubig starrte Billi ihn an, wurde schneeweiß, dann feuerrot. Sein Liebling hatte ihn gebissen! Er warf uns einen wilden Blick zu und stürzte aus dem Zimmer.

Vater räusperte sich. «Hast du nicht noch eins von diesen albernen Tieren?» fragte er Mutter. Aber sie schüttelte bedauernd den Kopf. Sie ließ sich diese Lämmer von auswärts schicken, weil es in unserer Gegend so etwas Köstliches nicht gab, und sie hatte sie alle verschenkt. Das letzte hatte Nachbars Lenchen bekommen. Sie waren sehr begehrt. Nur ich machte mir nichts daraus.

Vater packte den immer noch kauernden Dackel im Genick und gab ihm ein paar ordentliche Klapse. Pumm jaulte laut und kroch pikiert unter das Sofa. Sogar ich als sonst ziemlich mitleidlose Schwester hatte Verständnis für Billis Kummer.

Eine Stunde später fuhren wir zur Kirche. Großzügig ließ ich Billi vorn sitzen und kutschieren. «Habt ihr Pumm auch eingesperrt?» fragte Mutter.

«Der sitzt noch unter dem Sofa», sagte ich.

Pumm dachte nicht daran, unter dem Sofa zu sitzen. Nach gut zwei Kilometern regte sich was unter unseren Sitzen. Triumphierend erschien Pumms Kopf.

«Verdammter Köter», sagte Vater. Zum Umkehren war es zu spät. Natürlich konnten wir Pumm nicht in die Kirche mitnehmen. Wir ließen ihn im Gasthaus zurück.

Die Kirche war voll. Vor mir saß Nachbars Lenchen und warf ihre Zöpfe zurück, damit ich ihre neuen Zopfhalter bewundern konnte. Sie waren mit bunten Steinen besetzt und funkelten ordentlich. Die Gemeinde sang gerade: «Wach auf mein Herz und singe», da öffnete sich noch einmal die Kirchentür hinter uns. Ein Nachzügler erschien, hinter ihm kam Pumm. Würdevoll stolzierte er die Reihen entlang, bis ihn Vaters Hand packte und ihn zwischen seine Beine klemmte. Wir hatten keine Zeit mehr, ihn hinauszubefördern.

Der Gottesdienst begann. Unser alter Pastor hielt eine sehr schöne Osterpredigt. Er sprach von Nächstenliebe und Barmherzigkeit und daß man seinen Feinden vergeben sollte. Als er sagte, es sei im Leben nie zu spät, etwas wiedergutzumachen, ertönte ein lautes Wuff durch die Kirche. Irritiert schwieg der alte Herr, ehe er fortfuhr, uns die christlichen Tugenden auszumalen, und durch die Gemeinde ging eine leichte Bewegung. Mutter sah sich verlegen um, und Vater starrte aufmerksam in sein Gesangbuch.

Am Nachmittag gingen wir zu Nachbars Lenchen hinüber. Pumm folgte uns, obwohl wir ihn mit Nichtachtung straften. Unterstützt von mir, versuchte Billi, sie zu überreden, ihm ihr Zuckerlamm zu überlassen. Ich bot ihr dafür sogar mein schönstes Oblatenbild, eine weiße, ringgeschmückte Frauenhand, auf deren Zeigefinger ein Täubchen saß, vergeblich! Lenchen bekam einen Strichmund und wollte nicht.

Verdrossen kehrten wir um. Wir hatten gerade unsere Haustür erreicht, da hörten wir, wie Pumm hinter uns hergejagt kam, gefolgt von dem schluchzenden Lenchen. Pumm schoß an uns vorbei ins Haus. Wir eilten ihm nach. Genau vor Billis Glasschrank ließ er etwas behutsam zu Boden gleiten. Es war Lenchens Osterlamm.

Lenchen, die uns unterdessen eingeholt hatte, flennte laut und nannte Pumm einen Mistköter und Schlimmeres, bis Vater erschien, sie beruhigte und ihr versprach, etwas Schönes als Ersatz zu kaufen, denn nun mochte Lenchen ihr Lamm nicht mehr. Dabei war es nur ein wenig feucht geworden, sonst aber unversehrt.

Mein Bruder wusch das Lämmchen mit lauwarmen Wasser ab und stellte es dann in seinen Schrank. Danach gab es eine große Versöhnungsszene mit dem Dackel. Vater meinte aber, der Hund hätte sich heute früh an den zuckrigen Dingern überfressen und nur deshalb Lenchens Schaf einfach herumgeschleppt. Doch Billi und ich waren anderer Ansicht.

In dieser Nacht schlief Pumm nicht am Fußende. Er lag sehr unbequem in Billis Armen und schnarchte vor Luftmangel so laut, daß ich es nebenan hören konnte.

August, der Wilddieb

Um August Räudelsterz' Persönlichkeit im richtigen Licht zu sehen, muß gesagt werden, daß ihm die Erwachsenen lieber die geballte Faust als ein Lächeln zeigten. Denn er war voller Unnützigkeiten wie ein Schwein mit Borsten! Statt wie die anderen Kinder, wenn er in der Schule getadelt wurde, beschämt den Blick zu senken, richtete er seine graublauen Augen unter dem ausgeblichenen Haarschopf herausfordernd auf den Lehrer. Seine mageren, selten sauberen Beine ließen ihn nie im Stich, galt es, sich rechtzeitig aus dem Staub zu machen. Kein Stamm war ihm zu glatt, kein Krähennest zu hoch, kein Ziel zu klein, um es mit seiner Spucke zu treffen.

August, der unfähig war, in der Schule die einfachste Rechenaufgabe zu lösen, irrte sich nie in der Berechnung, Fallen zu stellen, ohne vom Förster erwischt zu werden. Sein Signal auf dem Hof ließ mich unverzüglich die Schularbeiten im Stich lassen und ans Fenster stürzen. Natürlich war unser Geheimpfiff kein Motiv aus Wagners Walküre oder Beethovens Fünfter. Als guter Preuße hielt es August mit Fridericus Rex, unserem König und Herrn. Hätte ihn allerdings jemand gefragt, wer denn Fridericus Rex gewesen sei, hätte er sicher freimütig geantwortet: «Weeß ick nich!» Menschen, die «all lange dot waren», interessierten ihn nicht mehr.

Auf seinen weiten Streifzügen nahm er mich nicht umsonst mit. Als Gegenleistung mußte ich ihm bei seinen häuslichen Pflichten helfen. Ohne zu murren, nahm ich die Gefahr auf mich, mir beim Holzhacken sämtliche Zehen zu amputieren, schleppte ächzend viele Körbe Holz in den windschiefen Schuppen und stapelte die Scheite dort sorgfältig. Dafür zeigte er mir, wo das einzige Kranichpaar in unserer Gegend brütete, der Kiebitz sein Nest versteckt hatte und der Fischreiher am Ufer stand.

An Regentagen gruben wir hinter der Scheune unter den Holundersträuchern die Regenwürmer aus der fetten, feuchten Erde. In dicken, geballten Klumpen ringelten sie sich in einer rostigen Konservenbüchse. Wir angelten mit ihnen Brassen, Barsche und Rotfedern. Während August sich bemühte, der silbrigen, zappelnden Beute zu einem schnelleren Tod zu verhelfen, lehnte ich schläfrig an der warmen Holzwand des Bootsschuppens, lauschte dem eintönigen Gesang des Rohrspatzes und sah zu, wie der Taucher lautlos durch das Schilf zu seinen Jungen schwamm. Ein blaßblauer Himmel wölbte sich über dem See, die Mittagssonne prägte uns auf dem Heimweg bedächtig ihr Brandzeichen auf den ungeschützten Nacken, und der sumpfige Wiesenboden kühlte uns angenehm die nackten Fußsohlen.

Im Frühjahr balancierten wir auf den Koppeldrähten die überschwemmten Wiesen entlang und stachen in den Gräben den Hecht beim Laichen. Im Winter betäubten wir unter dem Eis die im flachen Wasser stehenden Fische mit kräftigen Axtschlägen und holten sie mit dem Kescher heraus.

Unser Dritter im Bunde war Fiffi. Fiffi war ein Bastard. August hatte ihm das Leben gerettet. Der Hund sollte gerade, eingesperrt in einen Sack, zusammen mit einem Stein im Fluß versenkt werden. Da tauchte August auf und ließ ihn sich schenken. Seitdem war er unser manchmal recht lästiger, ständiger Begleiter.

Wie mancher Mensch hatte auch Fiffi zwei Seelen in seiner Brust. Tat er am Tage so, als könne er keinem Küken etwas zuleide tun, verwandelte er sich des Nachts in eine raubgierige Bestie, die das Hohelied der Jagd auf ihre Weise sang. Oft jagte er bei Mondenschein gemeinsam mit unserem würdigen Bernhardiner. Wie August nach mir pfiff, so bellte Fiffi vor unserer Küche. Und der alte, vornehme Herr hielt sich nicht für zu schade, ihn im schwerfälligen Trab auf seinen nächtlichen wilden Wegen zu begleiten. Fiffi trieb ihm das Wild so geschickt zu, daß es dem Bernhardiner förmlich in sein großes Maul stolperte. Am nächsten Morgen lag der Bernhardiner wieder, als sei nichts geschehen, unnahbar auf seinem Platz und wandte angewidert den Kopf vor einem toten Rebhuhn, das ihm die Köchin unter die Nase hielt.

Dank der Geschicklichkeit von Vater und Sohn gab es bei Räudelsterz reichlich Fleisch zu essen. Doch nie hätte ich mich getraut, darüber eine Bemerkung zu machen. Augusts Mutter hatte eine harte, schwere Hand, die außer ihrem Sohn auch ihr Mann gelegentlich zu spüren bekam. Zu mir war sie recht freundlich. Sie stopfte mich mit Kartoffelpuffern voll und sagte tadelnd zu August, wenn er sich in meiner Gegenwart mit der Gabel auf dem Kopf kratzte: «Benimm dir.»

Sein Vater verdammte alle Reichen. Reich war für ihn jeder, der mehr als er besaß. Das war nicht viel. Nur für meinen Vater zeigte er eine gewisse Schwäche. Wahrscheinlich, weil er in unserem Wald besonders ungestört wildern konnte.

«Ick weeß nich, warum», sagte er, versonnen auf die halbgeleerte Kümmelflasche starrend, «det is een juter Mensch, ja, det is er.»

«Quassel nich so dämlich, oller Saufkopp», sagte seine Frau und nahm ihm resolut die Flasche aus der Hand.

Vater und Sohn Räudelsterz sowie Fiffi gelang es, ihr Unwesen zu treiben, ohne vom Förster erwischt zu werden. Dabei saß der Förster ständig auf der Lauer, um den Mistköter zu fassen, der ihm Rehkitze und Hasen riß. Und auf Familie Räudelsterz hatte er schon lange ein argwöhnisches Auge geworfen. Aber Beweise hatte er bisher nicht. Dazu waren sie zu vorsichtig gewesen. Doch allmählich wurde die Familie leichtsinnig. Die Beute wanderte nicht mehr ausschließlich in den eigenen Kochtopf. Sie wurde versilbert. Immer häufiger fand Herr Räudelsterz, daß der Reiche von den Dummen und der Dumme von der Arbeit lebe und Branntwein das Leben versüße. Zur geflüsterten Bewunderung zeigte sich Frau Räudelsterz des Sonntags in der Kirche in einem neuen, farbenfrohen Gewand.

Es kam, wie es kommen mußte. August wurde im Wald vom Schweißhund des Försters gestellt, als er gerade ein Kaninchen aus der Falle nahm. Zitternd stand er vor dem knurrenden Hund. Er wußte, der Förster würde nicht viel Umstände machen und ihn ohne Erbarmen zur Polizei bringen. Dann kam er sicher ins Spritzenhaus, wo es nachts spukte. Bei dem Gedanken verwandelte sich August, der kühne Wilderer, wieder in einen ängstlichen kleinen Jungen, dem fast etwas passiert wäre, das nur Babys gestattet ist.

Noch einmal sollte er Glück haben. Der Förster, der annahm, der Hund wäre einem Igel oder einem Dachs auf der Spur, pfiff ihn ab. August war gerettet. Ohne einmal haltzumachen, rannte er nach Haus und versteckte sich in der Schlafkammer. Erst bei Dunkelheit wagte er sich wieder hervor.

Am nächsten Tag vermißten wir Fiffi. Soviel wir auch riefen und pfiffen, er erschien nicht. Wir suchten ihn überall im Dorf. Niemand hatte ihn gesehen. Endlich entdeckten wir ihn auf der Wiese nicht weit vom See. Die Krähen machten uns auf ihn aufmerksam. Krächzend flogen sie über ihn hinweg und stießen nach ihm. Fiffi war es nicht gelungen, dem Förster zu entkommen. Starr lag er zwischen dem welken Gras. Das geronnene Blut zeichnete eine rote Fährte auf sein weißes Fell. Seine Augen, sonst demütig und bettelnd, blickten kalt und grimmig. August bückte sich zu ihm hinab. Zum erstenmal sah ich ihn weinen. Erst flennte ich ein bißchen zur Gesellschaft mit. Dann rannte ich nach Hause.

Ich lief ins Kinderzimmer und musterte die Schar meiner Puppen. Sie saßen in einer Reihe pomadig auf der Fensterbank und streckten mir die

Arme entgegen, als wollten sie sagen: «Höchste Zeit, daß du dich mal wieder um uns kümmerst!» Nach einigem Zaudern wählte ich Lisa. Sie war weich und rundlich, und ihr Stoffkörper ließ sich angenehm knautschen. Ich klemmte sie unter den Arm und lief zur Wiese zurück.

«Ich schenke sie dir», sagte ich zu August und drückte sie ihm großmütig in die Hand.

Am Rande einer kleinen Schonung gruben wir ein Grab. Lisa lehnte an einem Baumstamm und sah uns ernst zu. Vielleicht ahnte sie, was ihr bevorstand. August griff nach ihr, drehte sie einen Augenblick unschlüssig in seinen zerschrammten Händen, dann legte er sie auf Fiffis aufgeblähten Bauch. «Damit er sich nicht so grault», sagte er und schnaubte mächtig in ein Taschentuch, das mal ein Zuckersäckchen gewesen war. Ich wagte nicht zu widersprechen.

Bedrückt trotteten wir nach Haus. Von nun an kehrten bei der Familie Räudelsterz wieder normale Verhältnisse ein. Wildfleisch gab es nur noch für den eigenen Kochtopf.

Henne Berta faßt einen Dieb

Berta war ein Adoptivkind unserer Köchin. Gegen jede Regel der Natur war es Ende Oktober aus einem alten Nestei ausgebrütet worden. Seine Mutter, eine geborene Leghorn, hatte beim Ausbrüten viel Ausdauer gezeigt. Weder das verwunderte Gegacker ihrer Kolleginnen, die in dieses Nest ihre Eier legen wollten, noch ärgerliche scheuchende Menschenhände hatten sie davon abhalten können, ihrer verspäteten Gluckenpflicht nachzukommen. Doch zeigte sie wenig Neigung, ihr Einzelkind im Schneematsch spazierenzuführen, während die anderen Hühner eng aneinandergekuschelt im warmen Stall saßen und es sich wohl sein ließen.

Das einsame, strubbelige, jämmerlich piepsende Geschöpf, das so verlassen in der Scheune umherlief, erregte das Mitleid unserer Köchin. Aus unerfindlichen Gründen gab sie ihm den Namen «Berta» und eine neue Heimat in der Küche. Dort hielten schon ein Bernhardiner, ein fetter Kater und ein Wellensittich Burgfrieden. Der Kater schlief in der Ofenröhre, der Wellensittich auf dem Schrank, der Bernhardiner unter dem geräumigen Küchentisch, und das Küken bekam seinen Platz in einem ausgelatschten Pantoffel in der Nähe des riesigen, altmodischen Herdes. Aber Berta behagte es wenig, in einem Pantoffel zu schlafen. Von uns und der Köchin verwöhnt, nahm sie sich Freiheiten heraus, die den mächtigen Kater empört aufmauzen ließen und den Wellensittich veranlaßten, pausenlos zu sagen: «Hansi ist lieb, Hansi ist lieb!»

So trippelte sie eines Abends einfach frech zu dem Bernhardiner hinüber, flog erst auf seinen Kopf und kletterte dann seinen Rücken entlang bis zum Schwanz, wo sie es sich gemütlich machte. Melancholisch duldete es der Hund. Er war ein Philosoph, und ein geduldiger dazu. Wenn ihn nicht gerade jemand auf den Schwanz trat oder aus seinem Napf fraß, war er nicht so leicht aus seiner Ruhe zu bringen.

Der Kater, der gern nachts seine einsamen, wilden Wege ging und sich bisher stets unbemerkt durchs Küchenfenster wieder zurückgeschlichen hatte, mußte erleben, daß Berta hysterisch aufkreischte, als er mit elegantem Sprung auf dem Küchentisch landete. Erfolg: eine lange Strafpredigt der sittenstrengen Köchin über das Luderleben der Männer im allgemeinen und ein von nun an geschlossenes Küchenfenster.

Berta wuchs zu einem grauweißen Prachthuhn heran, dessen Arroganz alles übertraf, was je auf einem Hühnerhof herumgelaufen war. Von der Köchin zur Tugend erzogen, hielt sie viel von Sauberkeit und wenig von Männern. Vergebens versuchte der Hahn, feurig wie alle Italiener, sie durch die offene Küchentür zu locken. Sie legte lediglich ihr Köpfchen schief und pickte gelangweilt nach einer Fliege auf den Steinfliesen.

Doch der Kater, ein wahrer Mephisto, kam dem Italiener zur Hilfe. Vor ihren Augen spielte er mit einer Maus, und neugierig wie alle Jungfrauen lief sie ihm nach. Als er sie bis in den Garten gelockt hatte, erschien der Hahn und begann seine feurige Werbung, in deren Verlauf er Berta rund um die Fliederbüsche jagte, daß die Spatzen schimpfend davonstoben und der dicke Kater vor Schreck die Maus fahrenließ.

Bald begann Berta auch Eier zu legen, allerdings nur sehr sparsam. Wahrscheinlich empfand sie zu große Fruchtbarkeit als ordinär. Ihre Eier versteckte sie so, als ob jeden Tag Ostern wäre. Mal fanden wir ein Ei im Aschenkasten, mal in der Mülltonne und manchmal auch im Bett der Köchin.

Wir Kinder hatten schnell heraus, daß Bertas Intelligenz sich durchaus mit unserer eigenen messen konnte. Beim Spazierengehen folgte sie uns mit würdigem Schritt, und als sie sich einmal nach einem längeren Ausflug auf der Astgabel einer Eiche ausruhte, vermochten wir unseren plötzlich auftauchenden Jagdpächter, der Berta noch nicht kannte, nur mit Mühe davon abzubringen, sie als Wildtaube vom Baum zu schießen.

Unser schönstes Spiel jedoch war, sie mittels eines Kreidestriches zu hypnotisieren. Wir hatten so ein gutes Medium aus ihr gemacht, daß es bald genügte, ihr lediglich den Zeigefinger vor den Schnabel zu halten, um sie in Trance zu versetzen. Beim Zirkusspielen brachte uns diese Vorführung viel Beifall.

Während der Kaffeemahlzeiten auf der Terrasse fiel Berta durch ihr dreistes Benehmen oft unangenehm auf. Sie scheute sich nicht, mit Schwung neben der Obsttorte zu landen und zwischen den Tellern umherzuspazieren. Obwohl die Gäste mit den Eigenarten des Hauses ziemlich vertraut waren, schätzten sie es nicht besonders, Bertas Klauen in den Schultern zu spüren, und ihre Angewohnheit, das jeweilige Opfer an den Haaren zu ziehen, trübte die heitere Stimmung.

Bertas aufgeplusterte Arroganz und ihre Sonderstellung im Haus riefen eine Verschwörung im Hühnerhof hervor, der sie beinah zum Opfer gefallen wäre. Dicht geschart unter einer alten Kastanie, belauerte das Hühnervolk sie, als sie hochnäsig an ihnen vorbei zur Straße trippelte. Sekunden später war alles nur noch eine kreischende, wirbelnde weiße Wolke. Aus ihrer Mitte floh ein zerrupftes Etwas, schoß um die Kastanie herum, hüpfte über die Wagendeichseln, rannte durch den offenen Stall und landete schließlich wieder in der schützenden Küche. Der Hahn hielt sich abseits. Er betrachtete interessiert einen Regenwurm auf dem Misthaufen. Mit der ihm eigenen Philosophie dachte er sicherlich: «Wer sich in andere Sachen mischt, hat nur den Ärger, weiter nischt!»

Berta sah wie für die Bratpfanne präpariert aus. Zitternd schmiegte sie sich in den buschigen Schwanz des Bernhardiners, und die besorgte Köchin flößte ihr zur allgemeinen Beruhigung tropfenweise Baldrian ein, dessen Geruch den Kater wollüstig schnuppern ließ. So mußten wir auch unseren Plan aufgeben, Berta wieder zu ihren Stammesgenossen zurückzuschicken, es sei denn, wir hätten den anderen Hühnern die gleichen Rechte wie ihr eingeräumt. Doch an *einem* Haushuhn hatten wir reichlich genug.

Die liederliche Angewohnheit ihrer Mutter, in Jahreszeiten zu brüten, in denen jedes anständige Huhn seine Kinder schon seit Wochen aus den Eierschalen heraus hatte, zeigte sich auch bei Berta. Im Aschenkasten zu brüten gab sie schnell auf, der Schwanz des Bernhardiners war ihr zu unbeständig und der Mülleimer zu unbequem. So verschwand sie unbemerkt in einen Eichenschrank auf dem Flur, in dem sich die eingemotteten Wintersachen befanden.

Meine Mutter erschrak furchtbar, als sie in der Tiefe des Schrankes nach einem Pullover suchte und auf Berta stieß. Um ihr die alberne Brüterei auf nur einem Ei endgültig abzugewöhnen, sperrte die Köchin sie unbarmherzig in eine Kiste und ließ sie fasten.

Als meine Schwester die Henne am nächsten Tag aus der Dunkelheit befreite, schrie sie entsetzt: «Berta ist tot!» Regungslos und steif lag Berta im Stroh. Aber die Aufregung war unnötig. Sie hatte sich nur selbst hypnotisiert.

Allmählich verlor Berta ihre kokette Verspieltheit. Sie wurde eine dickliche, brave Matrone, deren Sinnen und Trachten anscheinend nur noch auf einen makellosen Lebenswandel gerichtet war und die die sündige Welt voller Abscheu betrachtete. Die Vortrefflichkeit leuchtete ihr sozusagen aus allen Federn. Jedenfalls behauptete mein Onkel, der sonst gern die Unterhaltung mit frivolen Bemerkungen würzte, Bertas Anwesenheit bei der Kaffeetafel wirke lähmend auf ihn.

Aber Bertas große Stunde in ihrem Hühnerleben kam erst noch. Sie hatte es sich angewöhnt, auf der Treppe zu schlafen, die von der Küche in die oberen Räume führte. Diese Treppe, steil und dunkel, muß sie an eine Hühnerstiege erinnert haben. Anders läßt es sich nicht erklären, daß sie dem Bernhardiner untreu wurde. Aber vielleicht empfand sie es im gereiften Alter auch als unpassend, bei einem männlichen Wesen zu schlafen.

Eines Nachts nun verirrte sich ein Dieb in unsere Küche. Von dem fest schlafenden Hund unbelästigt, tastete er sich vorsichtig die Treppe zum Flur empor. Dabei stolperte er über Berta. Berta stieß einen so entsetzlichen Schrei aus, daß wir aus den Zimmern stürzten, der Bernhardiner zur Treppe fegte und der Kater aufgeschreckt aus der Ofenröhre sprang.

Nach oben konnte der Dieb nicht mehr entweichen. Dort standen wir, und am Fuß der Treppe öffnete der Hund seinen geräumigen Rachen. Außerdem hatte ihn Berta völlig verwirrt. So ergab er sich in sein Schicksal. Mit uns gemeinsam wartete er auf die Polizei.

Am nächsten Tag stand im Kreisblatt zu lesen: *«Unter Mithilfe eines Huhnes gelang es der Polizei, einen langgesuchten Einbrecher festzunehmen.»*

Die Henne Berta hatte erreicht, worum sie mancher Mensch beneidete. Ihr Name war in einer Zeitung genannt worden.

Rosamundes spätes Glück

Billi behauptete, Rosamundes Getue wäre jedem anderen auch auf die Nerven gegangen. Aber wir fanden Ilkas Verhalten unmöglich. Schließlich: Noblesse oblige! Bei der Ahnenreihe, die Ilka aufweisen konnte, war ihr Benehmen nicht gerade sehr ladylike gewesen. Und gibt es nicht genug weibliche Wesen, die mit ihrer Liebe den Kindern lästig fallen, ohne deshalb gleich von ihnen gebissen zu werden?

Ehe Ilka auftauchte, führte Rosamunde das geregelte Leben einer alten Dame. Vor dem Frühstück ließ sie sich sorgfältig frisieren, sah auf dem Hof nach dem Wetter und begab sich dann ins Grüne. Dort plauderte sie ein wenig mit einem dämpfigen alten Rappen, hielt unter einer großen Kastanie ihren Nachmittagsschlaf und kehrte in ihr Heim zurück, wenn ihr die Fliegen zu lästig wurden oder ein Landregen ihr Rheumatismus verursachte. Ihre Jugend hatte sie auf der Trabrennbahn verbracht. Sie hatte an vielen Lorbeerkränzen geknabbert und keine Zeit gehabt, eine Familie zu gründen.

Vater erstand sie als Gelegenheitskauf auf einer Versteigerung für uns Kinder als Reitpferd. Sie war zwar nicht mehr die Jüngste, besaß aber noch das Temperament einer Vierjährigen. Vaters Optimismus, daß sie das Galoppieren wieder lernen würde, war wie so oft unbegründet. Gegen ihre Gangart mußte der Trab eines Kamels erholsam sein, fanden wir Kinder. Nachdem sich Billi auf ihrem Rükken eine Blinddarmentzündung geholt hatte und unsere Hauslehrerin nach einem Spazierritt die Gelbsucht bekam, wurde Rosamunde im Einspänner gefahren. Von jetzt an schafften wir die vierzehn Kilometer bis zur Kreisstadt in dreißig Minuten. Wir überholten spielend Onkel Karls Jucker, was er uns nie verzieh. Leider vermochte Rosamunde ihren Ehrgeiz nicht zu zügeln. Sie versuchte, dem Adler des Jagdpächters, der mit vierzig Stundenkilometern dahinbrauste, in einer Kurve den Weg abzuschneiden. Tante Susanne, die gerade von der Bahn abgeholt wurde, landete auf dem Kühler, und der verwirrte Jagdpächter stellte etwas planlos seinen Scheibenwischer an. Rosamunde verletzte sich an seiner Jagdstandarte empfindlich an der linken Hinterhand und konnte nur noch im Dreischlag durchs Leben humpeln. Seitdem bekam sie das Gnadenbrot, wurde sanft und ein wenig träge.

Es war Billi, der Ilka zu seinem Geburtstag geschenkt bekam. Höflich wie er war, hatte er es sich nicht anmerken lassen, daß er seinen Geburtstagstisch ziemlich poplig fand. Außer Wollstrümpfen, einer Turnhose und neuen Sägeblättern für seine Laubsäge war der Tisch nur reichlich mit Blumen verziert. Wir glätteten uns den Magen mit der traditionellen Waldmeisterspeise und spielten dann mit Nirzwickis Lenchen «Kalte Küche». Lenchen wollte gerade nach Hause gehen, weil ich ihr zum Raten eine tote Maus in die Hand gedrückt hatte, da rief Vater: «Kommt mal alle in den Hof, ich habe eine Überraschung für das Geburtstagskind!»

Die Überraschung war schwarz wie eine Holunderbeere, rund wie ein Tennisball, hatte vier zierliche Hufe, einen struppigen Schweif und betrachtete uns durch die langen Haarbüschel, die ihr über die Augen hingen, so gönnerhaft wie ein Dackel eine Herde glotzender Schafe. Ilka, das Shetlandpony, hatte seine Herrschaft über uns angetreten!

Billi umarmte sie strahlend und so heftig, daß sie zurücktrat, und gab ihr einen schmatzenden Kuß auf die Nüstern.

Bald sollten wir merken, daß diese Handvoll Pferd schwerer zu bändigen war als ein wilder Hengst. Nur Billi duldete sie auf ihrem Rücken. Sie ließ sich diese Gunst teuer bezahlen, und Mutters Zuckerdose mußte eingeschlossen werden. Wir anderen schafften es nicht einmal, gemeinsam mit ihr den Hof zu verlassen. Kaum saßen wir oben, rannte sie auf die Stalltür zu, machte eine gekonnte Bewegung mit Vorder- und Hinterbeinen zugleich, und schon knallten wir gegen die Tür, daß uns der Kopf brummte, als seien wir vom höchsten Baum gefallen.

Eine besondere Abneigung zeigte Ilka gegen Nirzwickis Lenchen, obwohl diese stets einen großen Bogen um sie machte, weil sie behauptete: «Dem Aas trau ick nich!» Mit Recht! Wir saßen mit den anderen Dorfkindern am Seeufer, und Lenchen suchte gerade für meinen Angelhaken einen schönen, fetten Regenwurm aus der Konservenbüchse heraus, als Ilka von hinten herangeschlichen kam und dem arglosen Lenchen einen Stoß versetzte, daß Konservenbüchse, Regenwürmer und kreischendes Lenchen ins seichte Wasser rollten. Wir waren sehr böse auf das Pony. Um so gute Regenwürmer zu finden, hatten wir lange suchen müssen.

Auch die Goldfische fürchteten sich vor Ilka. Hatte sie doch den Kopf durch das offene Fenster gesteckt und das Aquariumwasser ausgesoffen, so daß die Fische, nach Luft schnappend, auf dem trockenen Kies lagen.

Da Ilka Hof und Garten der Koppel vorzog, machte sie Rosamundes Bekanntschaft erst bei unserer großen Zirkusveranstaltung, die wir gaben, um unsere Sparschweine wieder etwas aufzufuttern. Es wurde ein glanzvolles Ereignis, an dem sogar unsere Großmutter teilnahm.

Sie saß, in ein fliederfarbenes Cape gehüllt, in der ersten Reihe und gab als Eintrittsgeld eine ganze Deutsche Reichsmark. Ein Beispiel, dem leider sonst niemand folgte. Billi, als Zirkusdirektor sehr schneidig in Vaters Leutnantsuniform, hatte es nicht leicht, seine Truppe bei der Stange zu halten. Der wilde Tiger aus dem Fernen Orient entfloh fauchend seiner Dompteuse Lenchen, sprang erst auf Großmutters Schoß und kletterte dann auf einen Wäschepfahl, von dem ihn weder Lenchens lockende Laute: «Komm, Muschi, komm!», noch ein gezielter Wasserstrahl aus meiner Luftpumpe herunterbrachte. Der Clown, melancholischer als alle Clowns der Welt, jammerte still vor sich hin: «Ick muß mal, ick muß mal», anstatt Purzelbäume zu schießen, und der sprechende Hund antwortete auf die Frage seines Herrn: «Wieviel, mein gutes Hundchen, ist zwei und zwei?» weinerlich: «Weeß ick nich!» und lief auf zwei Beinen davon.

Der Höhepunkt der Vorstellung war der Auftritt der edlen Pferde. Unter den rauschenden Klängen meiner Ziehharmonika «Kuckuck, Kuckuck, ruft's aus dem Wald!» kamen Ilka und Rosamunde an der Hand des Zirkusdirektors hereingetrabt. Ilka, mit einem rosa Kopftuch und einer weißen Schürze bekleidet, zuckte unbehaglich mit dem Schwanz, in den wir kunstvoll meine Sonntagszopfbänder eingeflochten hatten. Das erste Mal in ihrem Leben wirkte sie etwas eingeschüchtert. Unglücklicherweise geriet ihr in diesem Augenblick der Tiger zwischen die Beine, den ein hilfsbereiter Zuschauer mit einer Stange von dem Pfahl befördert hatte. Als sie sich schnaubend zu ihm hinunterbeugte, rutschte ihr das Kopftuch über die Augen. Sie erschrak und suchte zitternd an Rosamundes behäbiger Flanke Schutz. Beschützerinstinkte erwachten in Rosamunde. Zärtlich begann sie das Pony abzulecken. Als wir die beiden pikiert in den Stall zurückbrachten, weil unsere ein wenig kurzsichtige Großmutter Ilka mit dem Ziegenbock des Nachbarn verwechselte, wollte sie sich durchaus mit in Ilkas Box drängen.

Am nächsten Tag stand die alte Stute nicht wie sonst unter der Kastanie. Den Kopf auf das Koppeltor gestützt, beobachtete sie Ilka, die in der Gegend herumstrolchte. Wahrscheinlich wäre es bei dieser fernen Anbetung geblieben, hätte Ilka nicht die Frechheit besessen, Tante Susannes Dessous von der Leine zu zerren und den Misthaufen damit zu drapieren. So mußte auch das Pony in die Koppel. Freudig wiehernd, trabte Rosamunde auf sie zu und begrüßte sie stürmisch.

Zuerst schien Ilka von ihrer Liebe geschmeichelt. Sie fraß ihr das beste Gras vor der Nase weg und ließ sich von ihr mit den Zähnen den Rücken schuppern. Doch allmählich wurde ihr die Fürsorge lästig. Sie versuchte, sich hinter einer dicken Kuh vor Rosamundes Gesellschaft zu verstecken, aber Rosamunde fand sie schnell, und sie mußte wieder Kopf an Kopf mit ihr grasen. Wenn Ilka sich durch den Koppeldraht gequetscht hatte und sich so sachte verkrümeln wollte, gebärdete sich Rosamunde derartig hysterisch, bis schließlich jemand darauf aufmerksam wurde und das Pony zurückbrachte. Kein Zweifel, sie hielt Ilka für ihr Kind, das jeden unbewachten Augenblick in den Brunnen fallen konnte.

Und dann kam der Tag, an dem Ilka selbst ein Fohlen bekam. Es war schwierig genug gewesen, für dieses hochmütige Frauenzimmer einen passenden Mann zu finden. Aber schließlich war es dann soweit. Billi war selig, als Micki auf wackeligen Beinen vor ihm stand und ihn mit der gleichen arroganten Kopfhaltung wie seine Mutter musterte.

An einem warmen, stillen Herbsttag brachten wir Ilka und ihr Fohlen zum erstenmal auf die Weide. Die Spinnen hatten ihre Netze zum Trocknen ins Gras gehängt, und die Champignons versteckten sich vor uns unter den Kuhfladen. Ilka warf uns einen Blick zu, als wolle sie sagen: «Soll ich wieder zu der Verrückten da?», und stolzierte, gefolgt von Micki, in die Koppel. Rosamunde wandte langsam den Kopf von einem zum anderen, schüttelte ihn, als sei ihr eine Mücke ins Auge gekommen, humpelte unter ihre Kastanie und dachte nach. Es war Micki, für den sie sich entschied. Ohne von Ilkas angelegten Ohren Notiz zu nehmen, beschnupperte sie ihn von oben bis unten. Micki hopste arglos um sie herum und begann, unter ihrem Bauch heftig etwas zu suchen, was er nicht finden konnte. Doch da gruben sich Ilkas Zähne schon sehr schmerzhaft in die rechte Hinterbacke der alten Dame, so daß sie förmlich einen Luftsprung machte. Quer über die Koppel jagte das Pony sie und zwickte und biß sie, wo sie das alte Pferd erwischen konnte. Eine Versöhnung schlug fehl. Wir mußten für die beiden Ponys einen Teil der Koppel abzäunen.

Ein paar Tage später lag Rosamunde am Morgen tot im Stall. Vater sagte, achtzehn Jahre wären ja auch ein ganz schönes Alter für ein Pferd. Wir wußten es besser. Rosamunde hatte diese seelische Enttäuschung nicht überwunden.

Der ungerechte Nikolaus

Als kleines Mädchen war mein Glaube an den Nikolaus und den Weihnachtsmann unerschütterlich. Ich konnte mir nicht vorstellen, was mein Bruder behauptete, daß nämlich unsere Tante es sein sollte, die, als Weihnachtsmann verkleidet und mit drohend erhobener Rute, uns jedes Jahr wieder fragte: «Seid ihr auch immer artig gewesen?» Nein! Mein Bruder mußte sich da gewaltig irren. Außerdem, wenn er es wirklich glaubte, wieso sagte er dann überhaupt noch – mit bedenklich zitternder Stimme – angesichts des Weihnachtsmannes das Gedicht auf: «Lieber guter Weihnachtsmann, sieh mich nicht so böse an, stecke deine Rute ein, ich will auch immer artig sein»? Er war ein richtiger Angeber in meinen Augen. Dazu kam, daß er, genau wie ich, am Nikolaustag und jeden Sonnabendabend in der Adventszeit auch seinen Schuh herausstellte und ihn vorher wienerte und mit Schuhkreme und Spucke auf Hochglanz brachte. Denn Vater sagte immer: «Bildet euch bloß nicht ein, der Nikolaus legt seine Gaben in ungeputzte Schuhe. In solchen Sachen ist er sehr pingelig.»

Natürlich behauptete mein Bruder, dieser Besserwisser, wieder steif und fest: «Ich halte jede Wette, daß Mutter die Marzipankartoffeln oder Schokoladenweihnachtsmänner in unsere Schuhe legt.» Dabei war doch Mutter zu der Zeit, da der Nikolaus die Treppe zu unseren Schlafzimmern heraufgestampft kam, längst im Bett und schlief.

Als ich es eines Nachts dann vor meinem Zimmer rascheln hörte, konnte ich nicht widerstehen, nahm allen Mut zusammen und öffnete leise die Tür. Tatsächlich stand Mutter vor meinem Schuh. Sollte mein Bruder doch recht haben? Argwohn stieg in mir auf. Doch Mutter zerstreute schnell meine Zweifel.

«Sieh mal», sagte sie, «was ich in deinem Schuh gefunden habe! Stell dir vor, in meinem hat diesmal auch ein Tannenzapfen aus Schokolade gelegen. Ist das nicht ein freundlicher Nikolaus?» Das fand ich auch. Denn wenn sogar in Mutters Schuhen sich etwas gefunden hatte, konnte sie unmöglich der Nikolaus sein. Das war sonnenklar! Mein Vetter Carl, der gerade bei uns zu Besuch war, gab mir darin hundertprozentig recht. Ich war sehr getröstet, als er verkündete: «Natürlich gibt es einen Nikolaus. Wer das Gegenteil behauptet, ist doof!» Er mußte es ja schließlich wissen, denn er ging bereits auf die Oberschule und lernte dort sogar Griechisch.

Leider stellte es sich bald heraus, daß St. Nikolaus mir grollte. Als ich nämlich das nächste Mal neugierig in meinen Schuh guckte, fand ich an Stelle leckerer Süßigkeiten diesmal nur zerknitterte Silberpapierfetzen. Ich weinte bitterlich: «Auf keinen Fall darfst du das deinen Eltern erzählen», riet mir mein weiser Vetter, «sie werden mit dir schimpfen, weil du den guten Nikolaus erzürnt hast!» Er hatte recht. Mir fielen alle meine Sünden der vergangenen Tage wieder ein. So schluckte ich denn meinen Kummer herunter, schwieg und strengte mich in der nächsten Zeit sehr an, artig zu sein und alles zu tun, was man mir sagte.

Doch am nächsten Sonntagmorgen war die Enttäuschung nicht weniger groß. Statt der geliebten rosa Weihnachtsbaumkringel lag in meinem Schuh eine taube Walnuß. Der Nikolaus, das stand fest, mußte ein ganz ungerechter Kerl sein!

Ohne auf den dringenden Rat meines plötzlich sehr nervösen Vetters zu hören, rannte ich heulend zu meiner Mutter und erzählte ihr alles. «So, so!» sagte sie nur und versicherte mir, daß sie dem Nikolaus so schnell wie möglich erzählen wollte, wieviel Mühe ich mir in der letzten Zeit gegeben hatte, um immer artig zu sein. Und dann tröstete sie mich mit einer Handvoll Pfefferkuchen.

Am dritten Adventssonnabend war ich schließlich so aufgeregt, daß ich nicht einschlafen konnte. Würde mir der Nikolaus ungerechterweise wieder grollen? Ein lauter Krach ließ mich aus meinem Bett springen. Ich rannte zur Tür und öffnete sie. Vor mir stand mein Vater. Doch er war nicht allein. Er hatte Vetter Carl am Arm gepackt und nannte ihn aufgebracht einen ungezogenen Lümmel, der den Hals nicht voll genug bekäme. Warum er jedoch so böse auf ihn war und weshalb gerade vor meiner Tür, konnte ich mir damals nicht ganz erklären. Ich nahm mir auch keine Zeit, darüber nachzudenken. Denn was fand ich in meinem Schuh? Ein besonders großes Marzipanbrot und bunte Zuckergußkringel. So viel hatte ich noch nie bekommen. Glücklich und beruhigt schlief ich ein: St. Nikolaus war doch nicht ungerecht, er hatte sich tatsächlich wieder mit mir ausgesöhnt.

Das Löwenspiel

Ausgerechnet in der Vorweihnachtszeit machte ich den Versuch, in die aufregende Welt der Erwachsenen einzudringen. Statt mich, wie meine Freunde aus dem Dorfe, auf dem Eis zu tummeln und mich auf die milden Gaben St. Nikolaus' zu freuen, saß ich, versunken in meinen Anblick, vor dem Toilettenspiegel meiner Mutter, färbte mir mit Hilfe abgebrannter Streichhölzer die Augenbrauen und benützte heimlich das Parfüm meiner großen Schwester, so daß Vater behauptete, nach dem Geruch im Zimmer zu urteilen, müßte irgendwo eine verendete Maus liegen.

Schuld an meiner Wandlung waren teils die Masern, nach denen ich wie eine gedüngte Quecke in die Höhe geschossen war, teils meine große Schwester. Sie hatte in den Herbstferien aus dem Internat einen Stapel Liebesromane mitgebracht. Zwar hatte sie sie vorsorglich vor mir in einem alten Schuhkarton versteckt, doch sie hätte sie ebensogut auf dem Nachttisch liegenlassen können.

Meine Fähigkeit, sofort alles zu entdecken, was man vor mir verbarg, war groß.

Ich las sie alle, und statt wie bisher mit dem letzten Mohikaner, identifizierte ich mich nun mit zarten Heldinnen. Sie hatten viel zu erleiden, ehe sie endlich vor dem Traualtar landeten. Manchmal strauchelten sie auch ein wenig auf dem Tugendpfad und wurden von hochgewachsenen Männern verführt, unter deren leidenschaftlichen Blicken sie konstant erröteten. Was lag näher, als daß auch ich jemanden haben wollte, der bereit war, mir sein Herz zu Füßen zu legen?

Von meinen Dorfkumpanen war da wenig zu erwarten. Sie neigten mehr dazu, mich an den Zöpfen zu ziehen, als sich um mein kompliziertes Gemüt zu kümmern. Außerdem waren sie zu jung. So erkor ich denn Karl-Wilhelm, den Forsteleven meines Onkels, einen reifen Mann von zweiundzwanzig Jahren, zu meinem Herzensfreund. Mein Onkel behauptete von ihm, er stelle sich im Umgang mit Mädchen weit geschickter an als beim Anzeichnen von Stangenholz.

Der Eleve, ein breitschultriger Jüngling mit roten Backen und heiteren braunen Augen, war oft bei uns zu Gast. Da er aus einer geschwisterreichen Familie stammte, machte es ihm Spaß, sich mit Billi und mir zu beschäftigen. Er reparierte meine Puppe, die sich den Arm ausgerenkt hatte, beriet mich bei meiner Kaninchenzucht und nahm mich mit auf die Entenjagd. Ich bewunderte ihn ganz außerordentlich. Als er mir ein kleines Armband aus Bernstein schenkte, fühlte ich mich wie im siebenten Himmel. Um so schmerzlicher war es, daß ausgerechnet meine Lieblingstante mich ziemlich unsanft wieder auf die Erde zurückversetzte.

Mit dem Begriff der Tante verbanden wir Kinder ganz bestimmte Vorstellungen. Tanten waren meist ältere Damen. Sie hatten tiefe Stimmen und rundliche Körperformen, brachten einem immer das Falsche mit, rochen ein wenig nach Mottenpulver und hatten gerade dann tausend Wünsche, wenn man es besonders eilig hatte. Nur Tante Ella war völlig anders. Es war uns schleierhaft, wie so etwas Junges, Hübsches, Blondes eine Tante von uns sein konnte. Vater nannte sie eine Elfe. Aber Mutter meinte trocken, dazu hätte sie einen zu gesegneten Appetit. Sie konnte nämlich ungeheure Mengen vertilgen. Besonders dann, wenn Amor sie verwirrte, was er häufig tat. Meist erholte sie sich erstaunlich schnell wieder von seinen Attakken. Diesmal aber schien es ernst zu sein. Tante Ella kündigte ihren Besuch an, und das ausgerechnet im Winter! Ein wahrhaft alarmierendes Zeichen. Damit soll nicht gesagt werden, sie hätte keinen Familiensinn besessen. Nur waren um diese Jahreszeit unsere Gäste mehr von der beschaulichen, Rotwein trinkenden Sorte und nicht gerade tanzwütige junge Mädchen.

Mein Bruder und ich ließen es uns nicht nehmen, sie vom Bahnhof abzuholen. Während die Pferde durch den Schnee trotteten, saß sie wie ein vergrämtes Dornröschen neben mir und starrte auf die wippende Bogenpeitsche. Billi, der Einfältige, merkte wie immer nichts und fuhr fort, von seinen Tauben zu schwätzen. Dagegen ich, das zarte Geschöpf mit dem liebevollen Herzen, fragte ohne viel Umschweife: «Wie sieht er aus?»

Tante Ella warf mir erst einen strengen Tantenblick zu, der besagen sollte: «Sei gefälligst nicht so neugierig», grabbelte aber dann doch mit ihrer schneefeuchten, klammen Hand in der Handtasche herum und hielt mir ein Paßfoto unter die Nase. Ich erfuhr, daß «er» sein Studium an den Nagel gehängt hatte, um Schauspieler zu werden. Es war ihm einfach unmöglich gewesen, dem Bürgerlichen Gesetzbuch die gleiche Faszination wie dem Theater abzugewinnen. Kurz gesagt, er verdiente sich zur Zeit als Statist die ersten Sporen. Tante Ellas lebensfremde Eltern hielten nichts von dieser Freundschaft und hatten sie deshalb, zur inneren Einkehr sozusagen, zu uns geschickt. Tante Ellas Entschluß, mich zu ihrer Vertrauten zu erwählen, hatte seinen guten Grund. Ich mußte jeden Tag dem Briefträger entgegenradeln, um die Briefe für sie abzufangen.

Wie stolz war ich, auch aus meinen reichen Lebenserfahrungen im Umgang mit Männern einiges beitragen zu können. Ich erzählte ihr von Karl-Wilhelm und daß ich so gut wie verlobt mit ihm sei. Dabei zeigte ich ihr das Bernsteinarmband. Sie bewunderte es sehr und meinte: «Er muß ja wirklich ein interessanter Mann sein.»

Ihr Wunsch, ihn kennenzulernen, ging schnell in Erfüllung. Einen Tag später, wir saßen gerade beim Frühstück, wo Ella sich unter Mutters spöttischen Blicken mit schmerzlichen Seufzern zwei dickbelegte Schinkensemmeln einverleibte, begann es draußen schrill zu klingeln.

«Das wird für mich sein», rief Tante Ella, und weg war sie. Wir sahen sie quer über den Rosenkohl dem Nachbarhaus zutrippeln. Im Dorf gab es nämlich nur eine öffentliche Fernsprechanlage. Der Einfachheit halber hatte man eine große Glocke an der Hauswand angebracht, und wer immer im Dorf ein Gespräch erwartete und die Glocke hörte, machte sich eiligst auf den Weg. Bei uns selbst hatte das Telefon nur eine kurze Gastrolle gegeben, nachdem Vater davon mitten in der Nacht geweckt worden war und, als er ärgerlich den Hörer abnahm, als Antwort zu hören bekam: «Falsch verbunden!» Der Apparat wurde sofort wieder abgemeldet.

Denn, so meinte Vater, wo würde das hinführen,

wenn man von so einer Erfindung in der Nacht belästigt werden kann.

Als Tante Ella zurückkehrte, zwinkerte sie mir zu und sagte, der Eleve hätte sich für den Nachmittag angesagt.

Ich muß wirklich sagen, Karl-Wilhelm war noch nie so nett zu mir gewesen wie an diesem Tag. Er fragte Mutter, ob er jetzt jeden Abend kommen dürfe. Er hätte mir versprochen, bei meinen Laubsägearbeiten für die Weihnachtsgeschenke zu helfen. Einen Augenblick war ich ein wenig verdutzt, konnte ich mich doch nicht entsinnen, daß er etwas Ähnliches geäußert hatte. Um so freundlicher fand ich sein Angebot. Ich sah gerührt zu Tante Ella hinüber. Sie war in ihr neues Strickmuster vertieft und hörte gar nicht zu.

Wie jedes Jahr, wollte Mutter mit uns und den Dorfkindern eine Adventsfeier veranstalten. Was hatte ich mich sonst darauf gefreut, beim Pfefferkuchenbacken und beim Binden des Adventskranzes zu helfen. Doch anstatt reihenweise Weihnachtsmänner und Sterne aus dem ausgerollten Pfefferkuchenteig auszustechen und sie mit Zukkerguß zu bestreichen, zog ich es diesmal vor, Tante Ella auf ihren abendlichen Spaziergängen zu begleiten und Gespräche von Frau zu Frau mit ihr zu führen. Meist kreuzte auch Karl-Wilhelm unsere Fährte und brachte uns fürsorglich nach Haus. Ich mußte Tante Ella versprechen, ihm nichts von ihrer unglücklichen Liebe zu erzählen. «Hast du denn kein Vertrauen zu ihm?» fragte ich sie. Meine Tante fuhr sich graziös über ihr Blondhaar und meinte: «Ich glaube, er mag mich nicht besonders.» Was ich natürlich sofort widerlegte.

Am Adventssonntag fand sich auch Karl-Wilhelm ein mit der Begründung, er wolle meiner Mutter beim Aufhängen des Kranzes helfen. «Übernimm dich nicht, mein Junge», sagte Mutter, und mein Freund lachte verlegen.

Lange vor Beginn der Feier wuselten wir aufgeregt mit den Dorfkindern im Haus umher und störten Mutter. «Spielt doch das Löwenspiel», schlug sie vor, um uns los zu sein. Das Löwenspiel war nicht gerade das, was man besinnlich nennen konnte; doch Mutter fand es eine gute Methode, uns vor dem Stillsitzen ein wenig müde zu bekommen. Es war ein Würfelspiel, bei dem man mit jedem Wurf ein Tierbild erreichte, dessen Stimme man imitieren mußte. Sieger war, wer zuerst auf dem Bild des Löwen landete. Unter lautem Gebrüll mußte er aufspringen und sämtliche vor ihm her fliehenden Tiere einfangen. Die wilde Jagd ging durch alle Zimmer. Ein herrliches Spiel.

Auch Tante Ella und Karl-Wilhelm beteiligten sich daran. Und Tante Ella sagte, kein Löwe der Welt würde sie fangen. «Abwarten», sagte Karl-

Wilhelm und versuchte wie eine Elster zu krächzen, was wir sehr komisch fanden. Tatsächlich erreichte er als erster das Ziel, und unter wirklich erschreckendem Gebrüll trampelte er den Flur entlang die Wendeltreppe hinunter hinter uns her. Als wir uns außer Atem wieder im Kinderzimmer versammelten, fehlte Tante Ella. Wir riefen: «Komm heraus, das Spiel ist zu Ende!» Aber sie blieb wie vom Erdboden verschluckt.

Nach einer halben Stunde bekamen wir es schließlich mit der Angst zu tun und halfen Karl-Wilhelm beim Suchen. Auf dem Speicher waren große Löcher im Fußboden.

«Hoffentlich hat sie sich da nicht versteckt», meinte Billi.

«Unmöglich», sagte Karl-Wilhelm, «die Tür ist abgeschlossen, ich habe nachgesehen.»

Es war ein Irrtum. Die Tür klemmte nur. Unter Billis Fußtritten flog sie auf. Aus der Ecke des großen Speichers hörten wir Klopfen. Vorsichtig schlichen wir über die morschen Stellen und öffneten den Deckel der großen Truhe, die unter der Fensterluke stand. Zwischen alten Säcken und Decken kauerte halb ohnmächtig unsere Tante.

«Warum bist du bloß da hineingekrochen?» rief ich. «Der Deckel ist ins Schloß gefallen, du hättest leicht ersticken können!»

Statt einer Antwort nieste unsere Tante zehnmal

hintereinander heftig und ließ sich von uns heraushelfen. «Mir ist ganz elend», sagte sie schwach, «ich muß mich hinlegen.» Von Karl-Wilhelm gestützt, wankte sie die Treppe hinunter.

Als die Adventsfeier begonnen hatte, schlich ich mich leise davon, um nach ihr zu sehen. Außerdem vermißte ich den Eleven. Behutsam öffnete ich die Tür von Tante Ellas Zimmer und starrte ungläubig zum Fenster hinüber. Da standen die beiden und küßten sich. Es dauerte eine ganze Zeit, bis sie mich bemerkten. Ich musterte sie anklagend und spielte mit meinen Zöpfen. Was würden sie zu ihrer Entschuldigung vorbringen? Doch alles, was meine geliebte Tante sagte, war: «Was willst du denn hier, warum bist du nicht bei den anderen Kindern?» Und mein Herzensfreund streichelte sie und sagte ungeduldig: «Nun geh schon, sie werden dich vermissen.»

Verräter, alle beide!

«Meinst du, daß sie petzen wird?» hörte ich meine Tante noch besorgt fragen, ehe ich die Tür hinter mir zuschlug. Rachsüchtig erwog ich einen Augenblick diese Möglichkeit. Kam ich mir doch wie ein Hund vor, den man eine Zeitlang auf dem Sofa schlafen ließ und dann wieder in die Hundehütte verbannte. «Petzen», hörte ich im Geiste Vaters Stimme, «ist ebenso schlimm wie Lügen.»

Niedergeschlagen kehrte ich in den Schoß der

Familie zurück. Entschlossen zwängte ich mich auf das große Sofa zwischen Nirzwickis Lenchen und Billi. Sie machten mir bereitwillig Platz und reichten mir Pfefferkuchen und Nüsse zum Knabbern herüber. Dankbarkeit stieg in mir empor. Gleich morgen, so nahm ich mir vor, würde ich mit ihnen wieder Sechsundsechzig spielen.

Andächtig schnupperte ich den Duft der frisch geschnittenen Tannenzweige, beobachtete eine flackernde Kerze und lauschte Mutters Stimme. Sie las das Märchen von der Schneekönigin. Mein Lieblingsmärchen! Ich verwandelte mich in das kleine Mädchen, das den kleinen Kai mit dem Eissplitter im Herzen sucht. Ohne es zu merken, war ich in meine Kinderschuhe zurückgeschlüpft. Und ich muß sagen, sie paßten noch wie angegossen.

Ein Krokodil namens Pinne

Neben anderen Merkwürdigkeiten, die hier nicht erwähnt werden sollen, besaß meine Familie eine bemerkenswerte Einbildungskraft. Glücklicherweise waren in meiner Jugend Psychiater noch nicht modern. Sicherlich hätten sie bei manchen von uns schreckliche Komplexe diagnostiziert und Therapien angewandt, von denen sich die Bedauernswerten nie mehr ganz erholt hätten. Ganz anders unsere alten Hausärzte. Sie wärmten sich erst fürsorglich die Hände am Kachelofen, ehe sie uns untersuchten, und verordneten in jedem Falle warme Umschläge und Lindenblütentee. Ganz gleich, ob es sich um Keuchhusten, Masern oder den sechsten Sinn handelte.

Besonders phantasiebegabt waren Tante Adeles Kinder. Ihre Tochter Angelika, ein mageres Geschöpf mit straff nach hinten gebürstetem Haar, bis zu den Kniekehlen reichenden Zöpfen und einer Gesichtsfarbe, die sie zur lebenslänglichen Einnahme von Eisenpräparaten verurteilte, hatte zwei

Spielgefährtinnen. Sie hießen Dora und Dagmar. Ihre angenehmsten Eigenschaften waren, daß sie nie mit den Türen knallten oder den Teppich mit dreckigen Stiefeln beschmutzten, denn sie waren nur für Angelika sichtbar und hörbar. Oft gab es mit ihnen Streit in der Kinderstube. Dann lief Angelika weinend zu ihrer Mutter und ließ sich trösten. Manchmal fragte mein Onkel bei Tisch nach Dagmar und Dora und bekam dann sehr detaillierte Schilderungen über ihre Untugenden zu hören.

Angelikas Bruder Otto, ein stämmiger Junge mit Kaninchenzähnen, stand nicht hinter seiner Schwester zurück. Oft spielten sie gemeinsam mit drei Männern im Garten. Die Männer wohnten in verschiedenen Bäumen und hießen Herr Pietsch, Herr Babst und Herr Knoblauch. Auf ihren Rat wurde viel gegeben. Leider muß gesagt werden, daß er nicht immer zum Guten ausschlug. Besonders Herr Knoblauch übte einen schlechten Einfluß aus. Er verleitete die Kinder zum Naschen und anderen, verabscheuungswürdigen Taten.

Otto liebte besonders einen imaginären Hund. Es war ein wildes, bissiges Tier mit dem Maul eines Wals und den Zähnen eines Haifisches. Nach Ottos Berichten hatte er schon mehrere Menschen gefressen. Mit Vorliebe biß er Ottos Feinde. Otto ging mit ihm spazieren und führte lange Gespräche mit ihm. Der Stammplatz des Hundes war unter einem großen Lehnstuhl neben dem Kamin. Um Otto nicht zu verärgern, respektierte die Familie diesen Platz und achtete darauf, dem Hund nicht zu nahe zu kommen. Nur die Gäste, die mit der Eigenart des Hauses noch nicht so vertraut waren, sahen sich verdutzt um, wenn Otto rief: «Vorsicht, tritt nicht auf Harras!»

Der Hund verursachte einen ziemlichen Sturm im Familienkreis, als eine entfernte Verwandte auftauchte. Die Tante war den Kindern auf den ersten Blick unsympathisch, hatte sie sich doch über das ungeschriebene Gesetz, ihnen etwas mitzubringen, schnöde hinweggesetzt. Diese Antipathie sollte sich verhängnisvoll für sie auswirken. Obwohl die Tante sich wunderte, den Hund nie zu sehen zu bekommen, hatte sie genug von seiner Bissigkeit gehört, um seine Anwesenheit nicht gerade herbeizuwünschen. Kurz vor dem Mittagessen, auf dem Weg zum Eßzimmer, schrie Otto plötzlich hinter ihr entsetzt: «Harras, hierher! Hierher, Harras!» Die Tante machte einen Sprung nach vorn, stolperte über ein Loch im Teppich und verstauchte sich den Knöchel. Was sie bei ihrer Abreise meinem Onkel im Beisein seines Sohnes sagte, war unfreundlich. Sie nannte Otto schizophren. Ein Wort, dessen Bedeutung er zwar nicht verstand, das er aber ungeheuer faszinierend fand. Dagegen zeigte Kusine

Monika, die einzige Tochter von Tante Sofie, eine Vorliebe für Krokodile. Sie entdeckte eines Tages so ein Reptil unter ihrem Bett und nannte es Pinne.

Pinne wurde allmählich ein Alptraum für Tante Sofie. Zog sie arglos eine Kommodenschublade auf, so schrie Monika bestimmt: «Laß Pinne nicht heraus, er frißt dich.» Wie ein Dämon im orientalischen Märchen wechselte Pinne ständig seine Gestalt. Mal war er so winzig klein, daß er sich in Monikas Faust verstecken konnte, dann wieder füllte er das ganze Zimmer. Die Familie war erleichtert, als das Krokodil wieder im Traumland verschwand. Doch nun erfand Monika ein Brüderchen und erzählte ihren Schulkameradinnen davon. Das Brüderchen wurde getauft, bekam Zähne und machte allen Sorge, weil es nachts immer so merkwürdig schrie. Es dauerte eine Weile, bis die Klasse die Wahrheit erfuhr. Ärgerlich nannte die Lehrerin Monika eine Schwindlerin und Schlimmeres.

Zu unserer Enttäuschung zeigt sich die nun heranwachsende Generation unserer Familie mehr von der nüchternen Seite. Deshalb sah ich neulich meinem jüngsten Neffen mit besonderem Interesse beim Spielen zu. Er belud einen nicht vorhandenen Wagen mit Heu, das er sich aus der Luft holte, und fuhr damit zu einer Scheune, die noch niemand gebaut hatte.

Der Osterhase und das Waldhorn

Auch in diesem Jahr sollte das Osterfest unter dem Zeichen von Markus-Martin stehen. Meine Schwester und ich zuckten zusammen, als Vater uns beim Frühstück seinen Besuch verkündete. Vera und ich waren zarte Geschöpfe, wahre Engel, die mit ihrem schulterlangen blonden Haar und den blauen Augen genau das Richtige für ein Pastellbild gewesen wären. So jedenfalls sprach Tante Frieda über uns, wenn sie bei Mutter etwas erreichen wollte. Mit uns allein jedoch sprach sie anders. Doch vor allem waren wir kleine Mädchen. Mit Freude am Puppenspiel, Verkleiden, altklugen Reden und Petzen.

«Als erstes», sagte Vera entschlossen, «müssen wir unsere Puppen verstecken. Weißt du noch voriges Jahr?» Sie machte eine vielsagende Pause. Markus, dieser unerwünschte Vetter, hatte unser Puppenhaus zur Festung erklärt und es mit seinem Flitzbogen unter Beschuß genommen. Das schöne Boudoir der Puppe Rosalinde hatte er dabei verwüstet. Zwei Puppenstühle waren entzweigegangen, und Rosalinde hatte der Feind in den Garten verschleppt, wo wir sie nach langem Suchen in der Hundehütte wiederfanden. Unter Markus' wißbegierigen Händen schien sich alles wie von selbst aufzulösen. Stramme Teddybären verloren ihre Robustheit und wurden haltlos und schlaff. Stolze Holzpferdchen verloren Schweif und Mähne. Veras Lieblingsplatte, die eigentlich Mutter gehörte, «Was kann der Sigismund dafür, daß er so schön ist!», bekam einen Sprung, so daß es jetzt eher klang wie: «Was kann dein Mund dafür . . .», was Vater wiederum wahnsinnig originell fand. Er hatte überhaupt eine Schwäche für Markus und lachte nur, als herauskam, was er sich im letzten Jahr beim Ostereiersuchen geleistet hatte. Während Vera und ich nur ein paar schäbige Zuckereier fanden, war sein Körbchen im Handumdrehen bis zum Rand gefüllt. Mutter murmelte etwas von «Telepathie» und «enormem Instinkt» vor sich hin, bis Markus grinsend verriet, daß er sie von ihrem Schlafzimmerfenster aus mit einem Fernglas beim Verstecken beobachtet hatte. Mutter war empört, aber Vater meinte, es wäre für die Mädchen nur von Vorteil, wenn sie schon frühzeitig lernen würden, sich dem überlegenen männlichen Geist unterzuordnen. «Geist ist gut», sagte Mutter spitz.

So begrüßten wir Markus zurückhaltend, als er

aus dem Jagdwagen kletterte und auf uns zusteuerte. Wir hatten uns umsonst geängstigt. Markus beachtete uns kaum. Sein ganzes Interesse galt einem Waldhorn, das er von seinem Vater, Onkel Karl, geschenkt bekommen hatte. Vera und ich versuchten vergeblich, diesem Instrument so etwas wie einen Ton zu entlocken. Obwohl wir unsere Backen wie Posaunenengel anschwellen ließen, gelang es uns nicht.

Von nun an wurden wir jeden Morgen durch schmetternde Signale geweckt. Vater wurde sehr ärgerlich, als ihn das «kleine Halali» einmal sogar aus dem gesunden Vormitternachtsschlaf riß. Da er Markus nicht im Bett fand, machte er sich auf die Suche nach ihm. Er fand ihn auf dem Boden auf Großmutters vermottetem Plüschsessel hocken, umgeben von alten Kartons, Koffern und Reisekörbchen vor der offenen Bodenluke, wo er dem Mann im Mond ein Ständchen brachte, an dem sich die Käuzchen angeregt beteiligten. Vater legte ihm nahe, sich in Zukunft zum Üben nach draußen oder in die Scheune zu verziehen.

Zu unserer Beruhigung war Markus jetzt meist mit Herrn Engel zusammen. Herr Engel, ein vielseitig begabter melancholischer Mann mittleren Alters, betätigte sich neben seinem Beruf als Friseur auch als Kellner und Tischler und war der Musik und dem Alkohol gleichermaßen zugetan. An lauen Abenden oder am frühen Morgen liebte er es, am Ufer des Sees zu sitzen und auf seinem Horn zu blasen. Leider waren die Wildenten nicht musikalisch genug, um «Puppchen, du bist mein Augenstern» auf die Dauer auszuhalten, was sämtliche auf Anstand befindlichen Jäger im Umkreis mit den Zähnen knirschen ließ.

Sein Liederrepertoire war klein, aber gehaltvoll. Zwar heiligten seine Melodien am Sonntag nicht gerade den Feiertag, aber sie gaben ihm doch eine eigene Note, so daß für uns sein Spiel ebenso dazu gehörte wie das Läuten der Glocken.

Unbelästigt von unserem Vetter, konnten Vera und ich unsere Puppen auf die Festtage vorbereiten. Wir wuschen und plätteten ihre umfangreiche Garderobe, bauten Osternester und beobachteten den Osterhasen, wie er im Garten an unserem Winterkohl Kraft für seine Arbeit sammelte. Vera, die schon zur Schule ging, hielt nicht mehr allzuviel von ihm. Auch mein Glaube war bereits vom Zweifel durchsetzt. Allerdings, wenn ich ihn dann so selbstverständlich im Garten sitzen sah, konnte ich mir einfach nicht denken, daß er ein ganz gewöhnlicher Feldhase sein sollte. Zu meinem Befremden wurde auch meine beste Freundin Lenchen ihm abtrünnig. Wir besuchten sie zwei Tage vor Ostern im Krankenhaus.

Lenchen hatte vor acht Tagen eine Blinddarmentzündung bekommen und sollte so schnell wie möglich ins Krankenhaus gebracht werden. Unglücklicherweise blieb der Krankenwagen mit dem wimmernden Lenchen im Sand stecken. Als sie schließlich im Krankenhaus ankamen, war es so spät geworden, daß der Chirurg, um Lenchen zu operieren, seinen Schnepfenstrich aufgeben mußte, was er der Patientin nur schwer verzieh.

Wir fanden Lenchen im heftigen Wortgeplänkel mit der Stationsschwester, die ihr verbot, den Essenwagen als Kutsche zu benutzen. Lenchen machte einen recht munteren Eindruck. Wie sie uns erzählte, hatte sie bereits drei Tage nach der Operation ihre Milchsuppe bei ihrem Bettnachbarn gegen eine Bratwurst eingetauscht und anschließend mit ihm Versteck gespielt. Mein Bericht über den Osterhasen im Garten machte nur wenig Eindruck auf sie.

«Hasenbraten esse ich lieber als Ostereier», sagte sie und leckte sich lüstern die Lippen.

Markus sah sie bewundernd an. «Den schieß ich dir», sagte er großartig.

Ich war empört. «Untersteh dich!», fauchte ich ihn an. Fast wären wir im Krankenzimmer miteinander handgreiflich geworden. Der kleine Junge im Nachbarbett zog sich bereits ängstlich die Bettdecke über die Ohren. Da kam die Schwester und sagte, es wäre besser, wir gingen jetzt nach Haus.

Nie hätte ich für möglich gehalten, daß Markus allen Ernstes daran dachte, ein Attentat auf den Osterhasen zu verüben. Vielleicht war es auch mehr der Ärger über eine Ohrfeige, die er von Vater bezogen hatte, als das Versprechen, das er Lenchen gab. Markus war es eingefallen, gerade in dem Augenblick «Kaninchen tot» zu blasen, als Vater, den einen Fuß im Steigbügel, im Begriff war, die Stute Flora zu besteigen. Flora, ein sehr nervöses Frauenzimmer, machte einen Satz, der wieder einmal ihr großes Springvermögen unter Beweis stellte, Vater jedoch ziemlich heftig zu Fall brachte. Jedenfalls suchte Markus sich ausgerechnet den Ostersonnabend für seine schändliche Tat aus.

Ich war schon früh aufgewacht. Durch das offene Fenster tönte Herrn Engels Horn. Es klang merkwürdig nah. Ich beugte mich aus dem Fenster und entdeckte in der Silberpappel vor dem Haus einen Star, den er täuschend imitierte. Sogar den kleinen Kickser vergaß er dabei nicht. Auch der Hase war wieder da. Gemessen hoppelte er den Gartenweg entlang und schien dem Star zu lauschen.

Plötzlich sah ich Markus am Nachbarfenster auftauchen. Er hob seine Zwille, visierte kurz und schoß, ehe ich ihn daran hindern konnte. Der Hase gab einen quäkenden Laut von sich, machte fast so einen Satz wie am Abend vorher Flora, drehte sich einmal um sich selbst und blieb liegen.

Markus-Martin, dieser widerliche Vetter, hatte den Osterhasen umgebracht. Ich bekam einen meiner berüchtigten Wutanfälle. Einen Augenblick trampelte ich schreiend auf der gleichen Stelle, dann rannte ich in Markus' Zimmer. Markus vergaß, daß er ein Junge und älter als ich war, er sah nur, daß ich mich in eine Furie verwandelt hatte. Das genügte ihm. Er rannte aus dem Zimmer, lief die Treppe hinauf und suchte in der Räucherkammer Schutz.

Ehe er die Tür zuzuhalten vermochte, hatte ich ihn schon erreicht. Ich vergaß, daß ich «ein wahrer kleiner Engel» war, riß eine handliche Mettwurst vom Haken und wollte sie ihm gerade über den Kopf schmettern, da packte mich Vaters Hand im Genick und zog mich nach draußen auf den Flur.

«Der Osterhase», schluchzte ich, «er hat ihn totgeschossen!» Ich deutete durch das Flurfenster in den Garten.

«Ich sehe nur Spatzen», sagte Vater. Wahrhaftig, der Hase war verschwunden. Er hatte den Meisterschuß überstanden. Nur ein wenig Hasenwolle lag auf dem Gartenweg. Ich würdigte Markus beim Frühstück keines Blickes, und er zog es vor, sich für den Rest des Tages allein zu beschäftigen.

Gegen Abend trottete er mit seinem Horn in der

Hand zu Herrn Engel, bei dem Hochbetrieb herrschte. Markus sah eine Weile zu, wie Herr Engel nach jedem Haarschnitt den Kunden fragte: «Anfeuchten?», und wenn der nickte, seinen Mund als Sprühdose benützte und das Haar leicht übersprühte. Allmählich wurde es ihm zu langweilig, auf Herrn Engel zu warten. Er schlenderte zum See hinunter und lief am Ufer entlang, argwöhnisch von den brütenden Wasserhühnern beobachtet.

Als unerwartet ein Hase vor ihm aufsprang, erschrak er, stolperte und ließ das Horn ins Wasser fallen. Es versank mit einem leisen Glucksen. Er starrte eine Weile verbiestert auf die Wasserfläche und versuchte dann, es mit einem Ast wieder herauszuangeln. Vergeblich. An dieser Stelle war das Wasser tief und der Grund morastig. Dazu wurde es bereits dämmrig. Markus gab entmutigt auf und rannte zu Herrn Engel, um ihn um Hilfe zu bitten. Zwar war Herr Engel allein, aber ein beharrlicher Schluckauf hatte ihn schon eine Weile dazu genötigt, das Übel mit doppeltem Korn zu bekämpfen, so daß sein Begriffsvermögen etwas getrübt war.

Markus trat vor Ungeduld von einem Bein auf das andere. Morgen früh sollte sein Vater kommen, und wehe ihm, wenn bis dahin das Waldhorn nicht wieder aufgefunden war! Onkel Karl war für seine Pingeligkeit in der ganzen Familie berühmt.

Endlich bequemte sich Herr Engel doch, Markus

zu folgen. Mit einer alten Heugabel bewaffnet, begab er sich an die Stelle. Aber auch sein Bemühen blieb ohne Erfolg. Das Waldhorn dachte nicht daran, mit seinem Riemen an den Zinken hängenzubleiben.

Es war ein ziemlich blasser Markus, der zu uns zum Abendbrot kam. Natürlich konnte er sein Unglück nicht bei sich behalten. Bevor wir ins Bett gingen, erzählte er uns alles. «Das war bestimmt der Osterhase», rief ich triumphierend, «und nun hat der Wassermann dein Horn. Vielleicht spielt er auch darauf ‹Puppchen, du bist mein Augenstern›.» Vera kicherte. «Dein Vater wird sich freuen.» Markus senkte den Kopf. Fasziniert sah ich eine Träne auf seiner Backe.

In dieser Osternacht schliefen wir alle drei schlecht. Wahrscheinlich war der Mond dran schuld. Er besah sich so lange neugierig unser Spielzeug, bis wir aufwachten. Als es hell wurde, faßte Vera einen ihrer spontanen Entschlüsse. Sie lief in Markus' Zimmer. Nach wenigen Augenblikken kam sie mit ihm zurück. Ich hatte mich gerade auf das Fensterbrett gesetzt und sah zu, wie die Nacht sich langsam zu den Sternen zurückzog. Unwillkürlich blickte ich zu dem Platz hinüber, wo sich sonst der Hase aufzuhalten pflegte. Aufgeregt zog ich Vera am Ärmel ihres langen Nachthemds. «Sieh mal, wer da sitzt», sagte ich glücklich. Weder

Vera noch Markus fanden es ratsam, mich darüber aufzuklären, daß sich der Hase in ein Wildkaninchen verwandelt hatte.

«Komm jetzt», sagte Vera ungeduldig, «und zieh dich schnell an. Wir wollen zum See und das Waldhorn herausholen. Onkel Karl kommt schon zum Frühstück.»

«Um diese Zeit?» Ungläubig sah ich sie an. «Es ist ja noch beinah Nacht, was wird denn Mutter sagen?»

«Laß sie lieber hier, das Baby.» Markus schlüpfte ohne viel Umstände in seine Schuhe, ohne die Schuhbänder aufzubinden.

«Auf keinen Fall, sonst petzt sie alles!» Vera kannte mich.

Doch das Wiedersehen mit dem Osterhasen hatte mich versöhnlich gestimmt. «Ich verrate nichts und komme mit», sagte ich großmütig.

Leise schlichen wir aus dem Haus. Im Schuppen fanden wir einen alten Drahtkescher, den nahmen wir mit. Dann liefen wir, um den Weg abzukürzen, quer über die Wiesen. Während Markus mit aller Kraft und beiden Händen den Kescher durch den Morast wühlte, hielt ihn Vera an seiner Lodenjacke fest und ich Vera an ihrem Rockbund. Der Wassermann schien sich nur ungern von seinem Schatz zu trennen. Als wir endlich Erfolg hatten, war die Sonne bereits aufgegangen. Markus säuberte freudig das Horn mit einem seiner Socken von Schlamm und Algen und blies Vera mit dem ersten Ton einen kleinen Fisch ins Gesicht.

Erschöpft setzten wir uns in den Kahn und wärmten unsere kalten Nasen in der Morgensonne. Die Sicht war so klar, daß wir die Pappelallee auf der fernen Hauptstraße deutlich sehen konnten.

«Na, noch böse?» fragte Markus, und ich schüttelte den Kopf. Sollte ich nachtragender als der Osterhase sein? In den Dörfern rings um den See begannen die Glocken den Ostersonntag einzuläuten. Und dann hörten wir Herrn Engels Horn. Er blies: «Das ist der Tag des Herrn . . .»

Betten meines Lebens

Manchmal am Sonntag, wenn ich den Vormittag im Bett vertrödele und versonnen Bücher, Zeitschriften und Brotkrümel aus meiner zerwühlten Lagerstatt entferne, gedenke ich der Betten meines Lebens.

Mein erstes Bett war vergittert. In ihm fühlte ich mich wie der kleine Hävelmann in Storms Märchen, zu allen Schandtaten meines jungen Lebens bereit. Ich steckte meinen Zeigefinger durch die Stäbe, deutete auf eine ältere Dame und sagte frech: «Affe, Affe!»

Später, als meine ins Kraut schießenden Glieder nur noch wie Lianen ineinander verschlungen darin Platz fanden, bekam ich ein eisernes Bett mit zerkratzten, schwarzlackierten Stäben und goldenen Kugeln darauf. Mein Vater hatte darin als Leutnant von Preußens Gloria, Pferderennen und Monte Carlo geträumt. Ich liebte es sehr. Es quietschte bei der leisesten Bewegung und trieb meine sanfte Schwester dazu, mir nachts Ohrfeigen zu versetzen.

Für mich war es eine sichere Höhle, in die ich schlüpfte, sobald mir von den Erwachsenen Gefahr drohte. Unter seinen schützenden Decken vergraben, las ich nachts heimlich beim Schein einer Taschenlampe so aufregende Bücher wie «Die Diamanten des Peruaners» und «Kreuz und quer durch Indien». Dabei ließ mich das erstickend heiße Federbett die tropische Hitze recht realistisch nachempfinden.

Die Betten, die mir in meiner Mädchenblüte zugedacht wurden, standen in Reih und Glied und wurden nicht gemacht, sondern gebaut. Sie waren aus rohen Brettern zusammengeschlagen, und der prallgestopfte Strohsack ließ uns von einer Seite auf die andere rollen. Sie waren stumme Zeugen einer nächtlichen Orgie, in der wir mit Waldmeisterbowle (drei Viertel Wasser, ein Viertel Wein) Gretel Heidepriems Beförderung zur außerplanmäßigen stellvertretenden Kameradschaftsältesten des Reichsarbeitsdienstes feierten. Dazu tanzte uns die Arbeitsmaid Annemarie Klose aus Berlin-Moabit etwas vor, das sie «feurige Pußta» nannte.

Des Morgens, noch früher als die Hähne krähen, weckte uns eine Stimme mit dem aufmunternden Ruf: «An die Arbeit!» Wir antworteten schläfrig im Chor: «Froh heran!» Des Abends lutschten wir zuweilen in unseren Betten beglückt an zwei Sahnebonbons: eine Fleißprämie für ein sauber gezogenes Rübenfeld!

Nach dem März 1945 wechselte ich mein Bett für längere Zeit von Nacht zu Nacht. Mal schlief ich auf der Holzbank eines schuttbeladenen Bahnsteigs, auf dem es viele Menschen, aber keine Züge gab, dann wieder auf rüttelnden Lastwagen, die sich einen Weg nach Westen suchten. Mein wärmstes Bett, an das ich mich in jener Zeit erinnern kann, war ein Strohbündel neben einer 4-Zentner-Sau. Ihre friedlich atmende Flanke diente mir als Kopfkissen.

Am nächsten Morgen mied man allerdings meine Nähe.

Doch dann ging es mit meinen Betten wieder aufwärts. Als Zugereiste in einer überbelegten Großstadt begann für mich das Wanderleben eines Untermieters. Zu kurze Betten, weich mit durchhängenden Federn, ausgediente Sofas, hügelige Couches, Liegen jeder Art lernte ich so kennen. Ein amerikanisches Feldbett hinterließ bei mir den größten Eindruck. Schlief ich darin nicht so ruhig wie eine chloroformierte Katze, klappte es unter mir zusammen und begrub mich in einem Knäuel von Holzstangen und Decken.

Nun habe ich wieder mein eigenes Bett. Es ist breit und bequem mit einer federleichten Daunendecke. Die Kissen sind weich, und die Matratze ist so gut gefedert, daß selbst die Prinzessin auf der Erbse nichts auszusetzen hätte. Aber ob es wie seine Vorgänger einst einen Platz in meiner Erinnerung einnehmen wird, weiß ich noch nicht.

Inhalt